教育部新世纪人才支持项目（NCET-080789）
中国博士后科学基金面上基金资助项目（20100480007）

大型体育场馆投融资实务

陈元欣　著

北京体育大学出版社

策划编辑：木　凡
责任编辑：光　远
审稿编辑：梁　林
责任校对：李志诚
版式设计：司　维
责任印制：陈　莎

图书在版编目（CIP）数据

大型体育场馆投融资实务 / 陈元欣著.
-- 北京 :北京体育大学出版社,, 2012.4
　ISBN 978-7-5644-0933-3

　Ⅰ.①大… Ⅱ.①陈… Ⅲ.①体育场—投资②体育场—融资
③体育馆—投资④体育馆—融资 Ⅳ.①G818

中国版本图书馆CIP数据核字(2012)第061814号

大型体育场馆投融资实务　　　　　　陈元欣　著

出　　版：北京体育大学出版社
地　　址：北京市海淀区信息路48号
邮　　编：100084
邮 购 部：北京体育大学出版社读者服务部 010-62989432
发 行 部： 010-62989320
网　　址：www.bsup.cn

开　　本：787×960毫米　　　1/16
印　　张：10.75

2012年4月第1版第1次印刷
定　价：23.00元
（本书因装订质量不合格本社发行部负责调换）

内容提要

大型体育场馆的投融资难问题是困扰我国大型体育场馆供给的一个重要因素。目前在我国部分大型体育场馆的供给过程中进行了投融资体制的改革，由政府与市场合作供给，逐步改变了过去完全依赖政府投入的局面，在一定程度上促进了大型体育场馆的融资难题的缓解与解决。同时，市场主体的参与对于大型体育场馆赛后的运营也具有一定的积极意义。本书就我国大型体育场馆的投融资问题进行深入分析，全面梳理、归纳国内外大型体育场馆投融资实践探索的成功经验，以为我国大型体育场馆投融资体制的改革与大型体育场馆的投融资实践提供经验借鉴与理论支持。

一、目前，我国大型体育场馆的投融资现状主要表现在投资主体单一，以政府为主、融资需求大，投入严重不足、融资渠道狭窄，以政府财政资金为主、融资方式单一，以政府部门直接投资为主、投资效率低下、投融资市场化进程缓慢、对于大型体育场馆运营、维护投入严重不足等方面。

我国大型体育场馆投融资方式存在的问题主要有：现行体育场馆投融资方式束缚了人们对大型体育场馆性质的认识、现行大型体育场馆投融资方式难以满足大型体育场馆发展对资金的需求和现行大型体育场馆投融资方式不利于大型体育场馆的经营开发等。

造成当前我国大型体育场馆投融资现状的原因主要有：传统大型体育场馆投融资体制的影响、政府在大型体育场馆投融资方面的意识落后、大型体育场馆的准公共产品属性、建设与消费具有一定的正外部效应和大型体育场馆具有自然垄断性等自身的特点和大型体育场馆投融资回报机制不健全等。

目前制约我国大型体育场馆融资的主要因素是大型体育场馆自身的性质、盈利能力差和投资期限长、回报率低甚至无回报和大型体育场馆的功能单一等因素；其次是和缺乏相应的投融资扶持政策和投资数额大等原因，此外，相应金融产品的缺乏和运营维护成本过高以及政府干预严重等因素对大型体育场馆的融资也有一定影响。

二、目前美国大型体育场馆的融资模式主要有3种：公共投融资模式、私人投资模式和公私合作融资模式。其中，公私合作融资模式是美国的大型体育场馆的主导投融资模式。

美国职业球队场馆建设与融资的决策受到多方面因素的影响，其中最主要的3个因素是：（1）场馆商业活动中的主要决策者；（2）场馆自身的收入；（3）公共部门对于场馆建设的资助，其中场馆自身的收入如个人座位许可、冠名权、包厢和季票的销售等收入在场馆的融资中扮演着重要角色。

在对法兰西体育场、芝加哥军人体育场、匹兹堡市新建体育场、纽卡斯尔主场等国外场馆融资模式实证分析的基础上，认为国外场馆投融资经验对我国场馆投融资的启示主要表现在以下5个方面：（1）今后我国大型体育场馆的建设和投资宜借鉴和学习国外成功的做法和经验，在大型体育场馆投融资中采用公私合作模式，吸引民间资本参与场馆的投资，以减轻政府财政负担，使政府将有限的财力用于公益性和群众性体育体育场馆建设；（2）我国在今后大型体育场馆的投融资中应注意市场机制的引入，以充分发挥市场机制在场馆资源配置和市场化运营方面的优势；（3）国外尤其是美国大型体育场馆的建设一般与各职业球队联合，建成后移交给职业球队使用，甚至部分场馆由多个球队同时使用，极大地提高了场馆的使用率，避免了场馆的闲置，实现了场馆收益的最大化。场馆的后期运营与维护也由职业球队负责，减轻了政府的赛后运营负担，值得国内大型体育场馆借鉴；（4）国外大型体育场馆尤其是各职业球队使用的场馆非常注重对场馆冠名权、特许经营权等无形资产的开发，而且无形资产的开发亦成为场馆重要的融资渠道。这就启示国内场馆在今后投融资和运营中应注意对其无形资产的开发，特别场馆各种无形资产开发的预付款可以成为场馆重要的融资渠道；（5）在我国目前情况下，如何完善体育场馆的投资回报途径，设计合理的投资回报渠道，提高体育场馆的经营状况和投资回报率是我国大型体育场馆投融资改革和吸引民间资本投资的关键。

三、根据当前国内大型体育场馆的投融资现状和实践，借鉴国外和国内部分场馆投融资的成功经验，目前我国大型体育场馆可行的投融资方式主要有财政拨款、公私联合融资、经营城市、债务融资、商业信用融资、资产债券化融资、无形资产融资、产业投资基金、资产信托和捐赠等融资方式，并就各种融资方式的可行性进行了较为全面、深入的分析，根据上述融资方式在实际应用中存在的问题，提出了部分具有针对性的建议。同时，就PPP、BOT、TOT、ABS4种国际上目前比较常见的项目融资方式的特点和适用性进行了简要的比较分析。此外，根据国内场馆投融资实践的进展就奥运会和国内部分大型体育场馆的融资情况进行了简要分析，并列举了国家体育场融资方案设计和怀化市体育中心项目集合资金信托计划，以供国内其他场馆设计融资方案时参考借鉴。

四、PPP项目融资方式在我国大型体育场馆融资实践中已有应用。在简单介绍PPP模式运作程序的基础上，就PPP模式在我国大型体育场馆融资中应用的积极意义和可行性进行了分析。认为PPP模式在大型体育场馆领域与其他服务领域中应用的差异主要表现在：消费需求富有弹性且稳定性较低、大型体育场馆兼具公益性和营利性以及大型体育场馆收益主要来源于非本体收入等方面。在对悉尼奥运场馆和国家体育场PPP融资案例分析的基础上，就其成功经验进行了归纳，主要表现在3个方面：（1）政府部门为保证民间资本的投资回报，在体育场馆建设用地上，批了较大面积的商业用地供项目公司进行商业运作，提高了大型体育场馆PPP融资项目对民间资本的吸引力；（2）民间机构以联合体形式参与体育场馆PPP项目融资；（3）充足的合约是保证两国奥运会主会场成功利用PPP模式进行融资的关键等方面。PPP模式在场馆融资中的实现途径主要有PPP模式（狭义）、BOT模式、TOT模式和DBFO模式等4种途径。国内在应用PPP模式融资中应注意避免合约传统、避免场馆的垄断经营、妥善安置失业人员、兼顾场馆的经济效益和社会效益以及 防范场馆的过度经营等方面的问题。目前，国内场馆融资中应用PPP项目融资模式尚存在配套的立法不完善、政府角色亟待转变、融资渠道单一、专业技术人员匮乏等方面的问题，提出完善与PPP模式相配套的立法、加快政府角色转变、拓宽融资渠道、合理设计投资回报机制和推行相应的激励政策等推进PPP项目融资模式应用的建议。

五、在阐述经营城市基本理论的基础上，根据近年来国内经营城市的实践，就采用经营城市方式融资建设大型体育场馆的可行性与积极意义进行了全面的分析，认为政府在其中的角色应定位于大型体育场馆发展规划的制定者、资产经营的组织者和大型体育场馆的提供者等职能，提出大型体育场馆经营城市融资的主要运作方式有资产置换、土地经营、通过PPP等方式吸引民间资本参与大型体育场馆的投资与建设、有偿转让现有大型体育场馆的经营权和大型体育场馆的无形资产运营等，重视增量资产和有形资产的运营，忽视存量资产和无形资产的运营、依赖城市土地经营，轻视大型体育场馆运营等是当前我国大型体育场馆经营城市融资实践中存在的主要问题，提出发挥政府主导作用，吸引市场主体参与大型体育场馆投资与建设、更新政府观念，注重存量资产运营、提高大型体育场馆的经营管理水平，拓宽投资回报渠道等建议。同时，就国内天津奥体中心和昆明新世界·体育城采用经营城市方式融资建设大型体育场馆的案例进行了简要分析。

六、代建制作为政府投资项目的主要建设模式，在我国大型体育场馆建设中已有一定实践，并具有其必然性。在分析大型体育场馆代建的特殊性、制度创新及其法律性质的基础上，结合我国大型体育场馆代建实践中存在的问题，提出加大大型体育场馆代建实施力度、借鉴与推广奥运场馆代建经验、优化代建费用制度，以吸引专业代建主体、系统规划大型体育场馆代建项目的后期运营问题、完善大型体育场馆代建的激励与约束机制以及风险分散机制等推进大型体育场馆代建工作的建议。同时，列举了奥运工程实施代建的有关管理办法、北京工业大学体育馆和广东游泳跳水馆项目代建的招标公告，以供国内其他场馆参考借鉴。

在上述研究的基础上提出确保必要的财政资金投入、做好大型体育场馆发展规划、制定大型体育场馆投融资扶持政策，吸引民间资本投资、设计合理的投资回报机制、加强投资者的权益保护、积极推进大型体育场馆代建工作、盘活大型体育场馆存量资产、开发灵活多样的金融产品等缓解和解决大型体育场馆投融资难题的建议。

目 录

目 录

第一章　大型体育场馆投融资现状分析

大型体育场馆作为社会公共设施，多由政府投资建设，但政府囿于自身财力的限制，难以拿出巨额资金用于大型体育场馆建设，而民间资本又不愿涉足大型体育场馆的投资与建设。因此，大型体育场馆投入的政府失败与市场失灵使其建设陷入了一个两难困境。如何破解该困境引起了社会各界的广泛关注。本文试就我国大型体育场馆的投融资现状进行分析，以期为大型体育场馆投融资困境的缓解与解决提供理论支持。

第一节　我国大型体育场馆投融资现状

根据笔者对国内161个大型体育场馆负责人的问卷调查，并结合第五次全国体育场地普查有关大型体育场馆投资状况的分析，目前我国大型体育场馆的投融资现状主要表现在以下几个方面。

一、投资主体单一，以政府为主

根据第五次全国体育场地普查数据分析，虽然我国大型体育场馆投资主体已初显多元化，但仍以政府部门投资为主，国有和集体经济的大型体育场馆占大型体育场馆总数的94.6%[1]。在笔者调查的161个大型体育场馆中，除7个大型体育场馆的投资主体为其他部门外，其他大型体育场馆均由各级政府部门或其所属机构投资。这表明我国大型体育场馆的投资主体过于单一，绝大多数为政府机构，而过于单一的投资主体使得大型体育场馆的供给严重不足，难以满足城市发展对大型体育场馆的需求。

二、融资需求大，投入严重不足

近年来，随着各地申办大型赛事积极性的提高，对大型体育场馆的建设需求与日俱增，形成了对大型体育场馆建设资金的庞大需求，但大型体育场馆动辄数亿元

---

[1]　数据来源于第五次全国体育场地普查数据库，下文数据若未特殊说明则均来源于该数据库。

的投入令多数地方政府捉襟见肘。根据财政分权理论，大型体育场馆作为地方性公共产品，其受益范围具有区域性，应主要由地方政府负责提供。地方政府较之于中央政府财力非常有限，特别是税制改革后，地方政府的财力进一步下降，限制了其对大型体育场馆的投入水平。根据中体产业集团吴振绵先生对国内150多个省辖市的走访，80%以上的城市都存在体育设施落后或不完善及现有的体育场馆闲置、亏本等问题，但各城市因财政拮据，而无法改变现状。其中，有近50多个城市希望与中体集团合作，通过中奥广场的建设促进当地大型体育场馆的建设与发展。这表明地方政府对大型体育场馆的需求较大，但限于地方财力困难，致使政府对大型体育场馆的投入严重不足。

三、融资渠道狭窄，以政府财政资金为主

融资渠道是大型体育场馆筹措资金来源的方向和通道，它体现着大型体育场馆可利用资金的源泉和流量。从理论上讲，大型体育场馆的融资渠道有国家财政资金、银行信贷资金、非银行金融机构资金、其他企业资金和自有资金等几种渠道。目前，在我国大型体育场馆的融资渠道中，仅有财政资金这一渠道是比较畅通的。根据笔者的调查，大型体育场馆建设资金的主要来源中包含财政拨款的占88.8%，其他各种资金来源所占比例较小（表1-1）。根据第五次体育场地普查，在大型体育场馆的资金来源中，财政拨款所占比例为58.4%，这表明我国大型体育场馆的融资渠道比较狭窄，资金来源单一，以政府财政资金为主。大型体育场馆融资渠道的狭窄和资金来源的单一使得大型体育场馆的资金供给严重缺乏，而且其来源极为不稳定，在政府财力不足的情况下，极易使大型体育场馆的建设陷入资金困境。

表1-1 大型体育场馆建设资金来源

大型体育场馆建设资金主要来源	比例
财政拨款	88.8
体育彩票公益金	25.5
借贷资金	9.9
自有资金	18.0
捐赠	5.6
市场化筹集	13.7

四、融资方式单一，以政府部门直接投资为主

融资方式是大型体育场馆建设取得资金的具体方法和形式。大型体育场馆的融资方式不仅受到融资渠道的制约，还会受到大型体育场馆各方面特点的影响。理论上讲，大型体育场馆可以运用的融资方式较多，如吸引直接投资、发行股票和债券、银行贷款和内部积累等方式，但在现实中，大型体育场馆可行的融资方式主要是吸收直接投资，即政府部门的投资，其他融资方式因大型体育场馆自身各方面因素的制约而难以实现。而且，由于大型体育场馆自身的盈利能力差，甚至不具备盈利能力，因此，大型体育场馆建设难以吸引民间资本的投资，造成大型体育场馆建设资金融资的方式过于单一，其结果必然是融资的低效率和高风险。

五、大型体育场馆投资效率低下

大型体育场馆投资效率低下主要表现在2个方面：一是大型体育场馆建设的高成本；二是大型体育场馆的高投入、低产出。大型体育场馆建设的高成本在实践中最直接的表现就是大型体育场馆投资决算超预算问题，这主要是由我国现行的大型体育场馆建设体制造成的。目前我国多数大型体育场馆的建设仍采用大型体育场馆建设指挥部或基建办公室等传统建设模式，建设管理水平低下，投资控制能力有限，经验不足，导致大型体育场馆建设资金的高成本和投资的低效率。大型体育场馆的高投入、低产出，主要是大型体育场馆建成后，使用率较低，闲置严重，既不能产生良好的经济效益，其社会效益也难以发挥。如四川省绵阳市体育馆等部分大型体育场馆在满足一次大型赛事需要以后，因地处远郊区，交通极为不便，常年闲置，而且，还要投入巨额资金用于维护，致使其投资效率过于低下。

六、大型体育场馆投融资市场化进程缓慢

虽然我国大型体育场馆的投资主体和融资方式等已初显多元化，但采用市场化方式筹集资金建设的大型体育场馆数量与每年各地立项建设的大型体育场馆数量相比，仍是凤毛麟角，大型体育场馆投融资市场化的进程过于缓慢，使得大型体育场馆的建设资金严重依赖于政府的投资，而政府的财力又比较有限，致使大型体育场馆的供给严重不足。大型体育场馆投融资市场化进程过于缓慢的现实是由多方面原因造成的，政府的意识是一方面，但更为主要的是市场方面的原因。如南京奥体中心建设资金来源的初步设想是采用市场化方式筹集，但由于民间资本不愿涉足，最终仍由政府投资。

七、大型体育场馆运营、维护投入严重不足

在我国大型体育场馆投融资中一直存在着重建设、轻维护的倾向，有限的资金主要用于大型体育场馆的建设，对大型体育场馆的维护投入严重不足，甚至没有投入，不顾大型体育场馆的实际，一味地"断奶"和推向市场，导致大型体育场馆维护资金严重缺乏，致使部分大型体育场馆变成"一次性建筑"。这主要是由于新建大型体育场馆更符合政府部门和官员的利益需要，能够体现他们的政绩。同时，新建的设计新颖的大型体育场馆的确能够成为地方的标志性建设，有助于地方形象的提升，而大型体育场馆的维护投入显然不具备上述功能，因此，在大型体育场馆投入中重建设、轻维护的现象也就不足为怪。

第二节　我国大型体育场馆投融资方式存在的问题

在计划经济时代形成的以财政拨款和单位自筹为主的大型体育场馆建设资金投融资方式，曾为我国大型体育场馆的建设与发展做出了积极的贡献，但已不能适应新时期我国大型体育场馆建设与发展的需要，而且，在一定程度上也制约了我国大型体育场馆的发展。

一、现行体育场馆投融资方式束缚了人们对大型体育场馆性质的认识

我国现行以财政拨款和单位自筹为主的大型体育场馆投融资方式很容易给人在观念上造成一种误解，即体育场馆是公共产品，只能由国家或单位（多为国有企事业单位）垄断供给，个人和其他社会主体一般不能涉足，而且大型体育场馆应以公益性为主，甚至应免费向社会公众开放。这种由于大型体育场馆投融资方式造成的人们对大型体育场馆性质的片面认识，在一定程度上制约了我国大型体育场馆的发展，未能充分调动其他社会主体投资兴建大型体育场馆的积极性。

二、现行大型体育场馆投融资方式难以满足大型体育场馆发展对资金的需求

我国现行大型体育场馆投融资方式，远不能满足新时期我国大型体育场馆发展对资金的需要，也无法充分调动其他社会主体尤其是民间资本对大型体育场馆建设的投资。对于部分大型体育场馆的建设，仅依靠政府的财政拨款是无法修建起来的，必须拓宽融资渠道，构建社会化的多元资金筹措渠道。随着我国居民生活水平的提高，体育健身日益成为他们生活的必不可少的一部分，而我国目前的大型体育场馆现状是无法满足广大人民群众对体育场馆的需要，迫切需要加大对体育场馆建设的投入，而以单位自筹和财政拨款为主的投融资方式显然是难以满足场馆速发展对资金的需求。

三、现行大型体育场馆投融资方式不利于大型体育场馆的经营开发

以单位自筹和财政拨款投入为主兴建的大型体育场馆，主要是为了满足大型赛事和竞技体育的需要，在其设计、建设过程中较少考虑场馆的后期开放和经营开发，致使场馆在建成后满足了一两次大型赛事的需要以后，大部分时间闲置，不利于其进行经营开发。而且，以单位自筹和财政拨款投入为主兴建的许多大型体育场馆，一般不讲求投资回报，在建成后多交由体育行政部门或其他有关部门负责管理，由他们代表国家行使对大型体育场馆的所有权和管理权，而真正的大型体育场馆所有者缺位，无法形成有效的激励机制调动大型体育场馆管理者经营开发的积极性。此外，以单位自筹和财政拨款投入为主兴建的大型体育场馆的管理部门，多为事业单位，比较注重大型体育场馆的社会效益，对大型体育场馆的经营开发重视不够。

第三节　造成我国大型体育场馆投融资现状的成因及制约因素分析

一、造成我国大型体育场馆投融资现状的成因分析

我国目前大型体育场馆的投融资现状是由多方面的原因造成的，既有体制方面

的，也有大型体育场馆自身方面的原因，其主要原因表现在下面几个方面。

（一）传统大型体育场馆投融资体制的影响

虽然国务院于2004年颁布了《关于投资体制改革的决定》，以推进我国投融资体制的改革，但我国传统的以政府投资、建设和运营为主的大型体育场馆投融资体制对当前大型体育场馆的投融资现实仍有着深刻的影响，其制度惯性依然存在。我国传统大型体育场馆投融资体制的特点主要表现在：（1）大型体育场馆多由政府部门投资、建设，长期以来，大型体育场馆作为社会公共设施，其投资主体多是政府部门，建设规模、投资金额等由政府决策，并由政府部门直接建设；（2）大型体育场馆建设资金多来源于政府财政拨款，或由政府担保向银行贷款，由政府财政负责偿还；（3）政府投资建设大型体育场馆的目的并不是为了盈利，而是基于社会的共同需要和社会效益等方面。

虽然传统大型体育场馆投融资体制为我国大型体育场馆的建设做出了积极的贡献，但目前已难以适应市场经济快速发展对大型体育场馆的需要，在一定程度上制约了大型体育场馆的发展。而且，其体制缺陷对目前大型体育场馆投融资实践的影响较大，是目前大型体育场馆投资主体和资金来源单一与投资效率低下等问题的主要原因。

（二）政府在大型体育场馆投融资方面的意识落后

由于受传统大型体育场馆投融资体制的影响，政府在大型体育场馆投融资方面的意识比较落后，仍认为政府应是大型体育场馆的唯一供给主体，集大型体育场馆的提供、生产（投资、建设）和运营等角色于一身，大型体育场馆的提供与生产过程相分离的思想尚未建立起来，统包、统揽大型体育场馆的供给工作。在大型体育场馆建设资金的筹集方面，虽然《关于投资体制改革的决定》已出台，鼓励并允许民间资本进入国家未禁止的基础设施和社会公共事业领域，但政府部门观念的转变比较缓慢，眼光仍局限于政府的财政拨款，认为政府财政拨款是大型体育场馆建设资金的唯一来源，对大型体育场馆的招商引资工作重视不够，未能做好相应的大型体育场馆建设项目的储备与推介工作，对政府财政资金的依赖思想比较严重。而且，政府部门特别是体育行政部门关于大型体育场馆投融资民营化的意识尚未建立，对民间资本及大型体育场馆的民营化存在认识误区，惟恐民间资本的介入会抑止大型体育场馆社会效益的发挥和其经营性质的改变，未能充分利用民间资本的优势来缓解和解决大型体育场馆建设资金严重不足的困境。不求所有，但求为我所用的观念尚未建立。政府在大型体育场馆投融资方面的意识落后严重制约了大型体育场馆投融资市场化的进程，并直接导致对大型体育场馆投入的严重不足。

（三）大型体育场馆自身的特点

大型体育场馆作为社会公共事业设施，其自身的特点也是影响其投融资的主要因素，主要有准公共产品的属性、外部性和自然垄断性等方面的特点，致使民间资本不愿参与大型体育场馆的投资与建设，导致大型体育场馆的融资渠道狭窄、资金来源和融资方式单一与大型体育场馆投融资市场化进程缓慢等问题。

（四）大型体育场馆投融资回报机制不健全

由于民间资本的逐利性，其只可能投资于具有盈利能力的行业。因此，大型体育场馆是否具有良好的回报机制是影响民间资本投资的首要原因。根据笔者前期的研究，国外特别是美国大型体育场馆的建设之所以能够吸引民间资本的投资，原因在于其具有健全的、较为稳定的大型体育场馆投资回报机制。而我国由于赛事资源比较稀缺，作为国外大型体育场馆主要收入渠道的座位许可、冠名权、特许商品销售等收入渠道在我国几乎没有任何市场，多数大型体育场馆经营状况较差、缺乏盈利能力是不争的事实，有限的收入主要来源于场地房屋出租，产品附加值过低，收入渠道过于狭窄。根据北京华体智业体育顾问有限公司2003年所做的北京体育场馆运营状况调研结果分析，现有体育场馆的主要收入来源依然是场地出租和房屋出租，这两项收入占场馆总收入的60%以上，场馆的经营仍是简单地依靠场馆的地理位置、场馆的可利用场地等固有资源，体育场馆运营水平仍处于初级阶段，良性的大型体育场馆投资回报机制尚未建立。因此，我国大型体育场馆投融资缺乏合理的回报机制是影响其投融资方式、资金来源和投融资市场化进程的另一主要原因。

二、目前制约我国大型体育场馆融资的主要因素分析

根据上文的分析，造成目前我国大型体育场馆融资现状的成因是多方面的，根据笔者对国内161个大型体育场馆的问卷调查，目前制约我国大型体育场馆融资的主要因素是大型体育场馆自身的性质、盈利能力差和投资期限长、回报率低甚至无回报和大型体育场馆的功能单一等因素；其次是缺乏相应的投融资扶持政策和投资数额大等原因，此外，相应金融产品的缺乏和运营维护成本过高以及政府干预严重等因素对大型体育场馆的融资也有一定影响。（表1–2）

表1-2 制约大型体育场馆融资的主要因素

制约因素	百分比（%）
大型体育场馆自身的性质	56.5
盈利能力差	55.3
投资期限长，回报率低，甚至无回报	55.3
大型体育场馆功能单一	53.4
缺乏相应的投融资扶持政策	49.7
投资数额大	39.8
相应金融产品缺乏	10.6
其他	3.7

　　鉴于目前我国大型体育场馆的投融资限制和现行的以财政拨款和单位自筹投入为主的大型体育场馆投融资方式存在诸多问题，难以适应市场经济条件下大型体育场馆快速发展对资金的需求，因此，建立以市场配置资源为基础的大型体育场馆的多元化、市场化投融资方式势在必行。

第二章　国外大型体育场馆发展与投融资现状分析

美国作为世界上体育产业最为发达的国家之一，在大型体育场馆的投融资、职业体育场馆的融资与运营等方面均走在了世界前列，积累了许多比较成功的经验。因此，本章以美国大型体育场馆的发展与投融资现状为主进行分析。

第一节　美国大型体育场馆的发展现状

一、美国大型体育场馆的发展历史

美国是世界文明史上的一个奇迹，它不仅继承了18世纪的启蒙运动和19世纪产业革命的伟大成果，并且借助长达两个多世纪的移民潮和历史给予的机遇，在一百多年的时间里一跃成为世界强国。从第二次世界大战至今，美国凭借其强大的经济和军事实力，位居世界领导地位，对整个世界的政治、经济、科技乃至文化等领域产生了巨大的影响[1]。体育产业作为美国的支柱产业对于美国整个国家的影响毋庸置疑，而各类大型体育场馆则是美国整个体育产业链的重要组成部分。

总体来说，美国现代大型体育场馆的发展经历了以下4个大的阶段：从19世纪中期开始，由许多各种小型团体组织的一些非正式的体育比赛带动了"规则"革命，并逐步促进各种美国现代体育规则的形成，由于当时美国南北战争刚刚结束，人们的物质生活并不是十分富裕，一些简单露天建筑成为贵族和特权阶级才能享用的休闲场所，他们可以观看马戏表演、音乐剧以及当时还属于非法运动的拳击等娱乐节目。1862年，美国纽约西部布鲁克林区的一个商人威廉克米亚（William Cammeyer）建造了美国第一座半封闭式的场地，这个并不标准的室内运动场可以说是现代室内体育馆的雏形[2]。在当时这个场地仅仅作为他私人拥有的一个球队的主场使用，偶尔还有其他一些纽约的棒球队在使用。除了想要自己的球队可以有单独的场地外，

---

[1]　杨马华.美国竞技体育持续强势发展的社会学因素分析[D].西南大学，2007

[2]　Dean V. Baim, Sports Stadiums as "Wise Investments" An Evaluation, Hearteland Inst. Pol'y Study No.32(1990),at http://www.heartland.org/artchives/studies/sports/baim2.htm (dicussing the practicality of public investment in stadiums)

威廉还希望球队的支持者会付钱到场馆里观看比赛，而就在七年后，他的愿望不仅成为了现实，体育场馆的建设也得到了蓬勃的发展。1874年4月27日，巴纳姆的"罗马大竞技场"在纽约揭幕，这就是代表第一代美国体育场馆的麦迪逊广场花园。到了20世纪，得益于国内安定和平的社会环境，对于普通美国人来说，他们的工作条件和待遇都发生了巨大变化，人们的生活质量得到提高，体育运动成为美国人日常生活的组成部分。在20世纪中期，各种比赛有组织性的发展也吸引了大量的观众涌入比赛场地现场观看体育比赛，本时期可以归为美国现代场馆发展的第一个阶段，门票收入是当时整个财政收益的关键，也是维护日常场馆运营的关键，大学橄榄球赛吸引了上万人到场观看，仅门票收入就达到2100万美元。随着美国经济的复苏发展，人们对露天建筑的冬冷夏热也开始颇有怨言，1889年7月麦迪逊广场花园开始改建，改建后的麦迪逊广场花园拥有32层楼高的摩尔式尖塔、纽约市内最大的餐厅和当时世界上最大的大堂。20世纪末期美国大学里修建的各种大型体育场馆也为美国大型体育场馆的发展奠定了坚实的基础，到19世纪90年代，美国的各种全国性体育组织已经建立起来，并且制定了比赛规程。从1885年起，为了培训大学教练员，大学体育院系和学校体育场馆从美国东海岸向奥柏林大学发展，截止1890年已发展到12个中西部州立大学，加州、德州、犹它州以及华盛顿州州立大学也紧跟奥柏林之后，到1905年共有114所高校修建了自己的体育场馆[1]。另一方面，奥林匹克运动在世界范围内的发展也在一定程度上刺激了大型体育场馆在全美范围内的建设，早在1920年安特卫普奥运会时，美国的洛杉矶市为争取获得奥运会举办权，就提前开始行动。1921年，加利福尼亚的法庭还通过一项法案，允许所有城市可以出租一片土地扩建或者新建用于公共目的体育场地。1923年国际奥委会罗马会议决定第10届奥运会于洛杉矶举行，罗马会议后，洛杉矶市便开始筹备工作，即使是在经济危机席卷全球时，也未受到多大影响。奥运主体育场馆不仅设计新颖，设备完善，而且宏伟壮观，可容纳观众10.5万人。此外，还兴建了有观众席1.2万个的综合性体育馆[2]。随着第10届夏季奥运会在美国的成功举办，美国政府又相继颁布多项法律，制订了基本标准，要求各地建设社区体育中心，并拨出专款建立基金。

从1937年开始，美国社会出现"电视革命"，世界范围内的各种现场转播把大

---

[1] William C. Adam. Foundations of Physical Education, Exercise, and Sport Sciences. Philadelphia：Boston：McGraw-Hill Companies. Lordon 1991：11. [12]

[2] www.cnii.com.cn/20070520/ca41461.htm

批观众留在了家里观看比赛，到现场观看比赛的观众开始大量减少。为了减少这种现象对场馆收益带来的威胁，美国体育场馆的经营者们开始认识到：要想把观众们重新吸引回场馆中来就必须为他们提供更好、更舒适和更加安全的服务。因此第二代场馆的重点瞄准在了尽可能多地展示现场优势、提升服务观念等方面上。运动场馆的共同主题就是要提供给顾客高水平的服务。这些服务使得经营者们实现了收入的最大化，而为了提供高水平的服务，体育场馆的设计也必须要使其经营效率最大化，一些便利设施如休息间、信息室、安全保卫措施都要符合一般客人的要求，更为重要的是，一些可能带来收入的服务，比如自动售卖亭、纪念品零售台、包间、餐厅、停车场、售票处等，都需要配以合适的数量及设置在合适的地点，从而使得潜在的经营收入实现最大化。顾客愿意为更好的服务和产品多付些钱，管理者将前几排的座位包装起来，或是包装赛前膳食，提供豪华座位，并配有专门的停车位，从而多收些费用。这个时候大部分球队所有者的收入依然来源于场馆内部各种服务及其它相关收入，门票销售收入依然占据全部收入的较大比例，只有很少的收入来自转让特许权、版权和场内广告。从20世纪60年代开始，"电视革命"的发展日趋成熟，门票收入虽然依然是场馆收入的主要来源，但电视转播权的销售在收入来源所占比重已经明显提高。

目前，包括美国在内的几乎所有发达国家的大型体育场馆都处在第三个阶段——"娱乐革命"。体育已经开始正式成为一个产业和其他许多娱乐活动一样，充斥着人们的生活。场馆的多功能设计在场馆建设中起着越来越重要的作用，场馆的必备设施与功能也越来越完善，满足了体育场馆功能的多元化需求，在以体育赛事为依托的同时，更加有效地提高场馆利用率、降低运营成本、开发新的服务领域，为场馆的综合利用和运营创造优势条件，从而充分地利用体育场馆资源，开发场馆无形资产，这些都是娱乐革命下体育场馆所被赋予的新的含义。当罗比体育场在1987年开始营业时，向到场顾客们提供了前所未有的崭新的体育场馆方面的服务：顾客只要在他的座位上就可以得到侍应生的服务，装有空气调节器，铺有地毯，并配有餐厅，供应美味的三明治和自制的软糖以及其他食品，球队老板根据球迷的喜好体验来经营，以帮助顾客们在体育场馆中获得快乐体验[1]。于1965年建成的耗资3100万美元位于美国休斯敦西部的现代化大型圆顶体育馆，外围直径达216米，跨距为195米，是建筑工程学上的一个奇迹。这里有棒球场、足球场、篮球场等多种规模宏大的运动场地，球场观众席位达6.6万个之多。并且为了方便观众还拥有世界

---

[1]　石磊.体育赛事中的特许经营[M].国外体育动态，2000

上最大的记分牌，即使是坐在最远处的观众都能够看清比分。除此之外，这座体育馆还是世界上第一个装有全套空调设备的运动场所，冬暖夏凉，为运动员和到场观众提供了极大方便，运动场内还配有现代化的音响设备[1]，大型圆顶体育馆也因此成为"娱乐革命"阶段美国大型体育场馆建设的成功典范。

对于美国的第四代的体育场馆，它正处在第三代场馆的末和第四代的开端——"科技革命"。随着科技的发展，许多新技术和新材料不断涌现，体育场馆建设科技含量越来越高，各种材料越来越先进。比如使用效果更好的采光材料，以纤维墙壁代替传统的水泥顶盖，既减轻了负重，又干净卫生。大型的场馆结构变化更加灵活，不再是建成后不可变化。室内与室外馆不再严格区分，因为随着科技水平的提高，一些遮光、遮雨顶棚可以随时由电动开关打开与关闭。美国的玫瑰花园球场是一座多功能球馆，球馆顶部悬挂着一套特别的声音控制设备，在举行比赛时，该设备可以将场内观众发出的噪音反射回球馆内，制造更为热烈的气氛；在举行音乐会时，通过调整设施上反射板的角度，可以起到吸收多余杂音的作用，保证声音以最好的效果在场内传播；美国德州达拉斯城的美航中心体育馆是全世界技术最先进的运动娱乐场馆之一，作为达拉斯小牛队和达拉斯星队的主场，其球队所有者之一马克库班投资2.8亿美元来翻新场馆，在场馆内采用最先进的光纤网络及高清电视等前沿技术，场馆通讯方面采用一种更为方便、安全的方式来安装网络，实现各种网络应用，包括：座位现场优惠交易、保安人员网络接入、流动雇员资产实时管理、无线监控以及公共无线终端接入[2]。科技不仅仅运用到场馆的建设当中，场馆的服务和管理同样也由高科技作为重要依托。

二、美国大型体育场馆的发展现状

20世纪80年代以来，随着经济和科技的飞速发展，竞技体育运动也得到了突飞猛进的发展，在美国以及其他发达国家相继出现了"体育热"现象，美国的体育场馆建设进入了一个新的发展阶段。目前美国体育运动健身场所大约有4.8万个，商业性俱乐部1.33万个，其中体育健身俱乐部1.2万个。在美国的四个主要的体育联盟：橄榄球、篮球、棒球和冰球职业球队中，几乎每一支球队都拥有自己的体育场馆，只有少数属于不同性质联盟的球队才会共用场馆，这些大型体育场馆从数量和质量上均位居世界前列。大型体育场馆的收入已经成为了北美城市经济发展的重要来

---

[1]　www.ushuaren.com/article/article.php/19

[2]　www.ushuaren.com/article/article.php/19

源，仅在1990年到1998年间，美国共有46座大型体育场被建成和整修，这些场馆全部是服务于四大联盟各个球队的，在1999年底，又有49个专业体育场馆在计划中或者已经开始建造[1]。到2000年，美国的四大联盟球队达到了115支，以前通常情况下一些球队共用一个场馆作为主场（比如洛杉矶湖人队和快船队以及国王队都在使用新建成的斯台普斯球馆），而到了2005年，多数的球队都在1990年后建造的新球场里打主场比赛。最近十年，美国大型体育场馆的发展呈现出了以下特点。

（一）场馆数量增长总体趋缓，大型体育场馆发展势头强劲

截至2000年，美国的四大职业联赛俱乐部所拥有的115处体育大型体育场馆中，有60处是1990年后新建的，而目前还有6处正在建设中，有11家体育场馆明确提出要进行升级改造，见表2-1。美国国家橄榄球大联盟(NFL)的达拉斯牛仔(Dallas Cowboys)球队正在期待他们的价值10亿美元的新体育场的投入使用。明尼苏达海盗足球队（Minnesota Vikings）和奥克兰运动家棒球队（OaklandA's）也希望不久的将来拥有新的场地[2]。

表2-1　美国为专业球队建造大型体育场馆支出[3]

年代（建造数）	当时开支（10亿美元）	以1997年物价计算	公共资金所占比例
1910–1919（7）			
平均	0.46	7.65	
总计	3.22	53.53	0%
1920–1929（8）			
平均	4.23	39.58	
总计	33.86	316.65	23.50%
1930–1939（6）			
平均	1.91	19.06	
总计	11.45	114.39	34.50%

---

[1] Matthew Brown, Mark Nagel, Chad McEvoy, Daniel Rascher. Revenue and Wealth Maximization in the National Football League：The Impact of Stadia. Sport Marketing Quarterly, 2004,13, 227–235

[2] www.forbes.com

[3] Robert A. Baade. Have Public Finace Principles Been Shut Out in Financing New Stadiums for the NFL. Public Finance and Management. 2006, Volume Six, Number 3, pp. 284–320.

续表

1940–1949（1）			
平均	0.25	1.72	
总计	0.25	1.72	0%
1950–1959（7）			
平均	3.84	22.65	
总计	26.87	158.51	100%
1960–1969（21）			
平均	24.46	120.92	
总计	513.46	2539.39	63.20%
1970–1979（25）			
平均	70.65	215.76	
总计	1766.15	5394.1	94.60%
1980–1989（14）			
平均	103.25	143.77	
总计	1445.5	2012.73	78.60%
1990–1998（32）			
平均	200.16	211.73	
总计	6405.1	6775.21	55.30%
1999– a （41）			
平均	374.89	275.25	
总计	15370.5	11285.4	73.40%

正在建设中或者在1999年10月前已经计划建造。

数据来源：Keating(1999)

　　旧金山49人（The San Francisco 49ers）一直希望有一个运动场地，为此他们多次和附近加州圣塔克拉的政府机构进行协商；明尼苏达州的棒球队Twins已经拥有一个的新的体育场，该体育场计划也将于2010年开放；随后开放的将是NFL的纽约巨人(New York Giants)和纽约喷汽机(Jets)位于新泽西州的价值13亿美元的主球场，球场计划于2010年开放，它将设有8.25万个座位，包括200个豪华包间和9200个俱乐部会员席。新球场的标志性建筑物将是一个120米长12米宽、能让场外球迷看到带有球员壁画的矩形墙。同时，美国足球大联盟（Major League Soccer）的纽约红牛队（New York Red Bulls）也正在附近新泽西州Harrison建造一个能容纳2万个座位的主场地，该新秀大联盟希望通过新场地将其中一些球队从巨大的橄榄球场转移到只举办足球比赛的足球场，从而引起业余足球迷的共鸣。在纽约地区，未来几年会有4个新的体育场馆对外开放，预计到2009年最先开放的是两个棒球运动场：大都会（Mets）的花旗球场（Citi Field）和扬基（Yankees）的"新"扬基球场（Yankee Stadium），这两个球场将一共设有125个豪华包间，观看一场比赛的最高费用为每人2500美元，每个包间最多能容纳30名球迷。球场贵宾席的票价更高，球队因此能够将他们各自球场的贵宾席票价保持在较高的水平。由于"9.11"事件以来，美国经济一直处于低靡状态，在一定程度上也制约了体育场馆数量的增长，然而，一些球队需要依托大型、先进的场馆才能维持正常运转和获取更大的利益，因此，高科技含量的多功能超大型场馆成为亮点。

（二）场馆建设的多功能与完善的配套服务设施

球队所拥有的体育设施更多的是用于体育相关的大型活动，所以为了更大程度的提高其使用率，场馆在建设时就考虑它的多功能使用。大型体育场馆的多功能性和复合化趋势依然日益明显，美国新场馆的建造都在考虑如何加入自身特色来吸引到更大的观众群体，比如增加会议室或者安装超大屏幕把体育场变为剧院。体育场馆可以被界定为娱乐场所的一部分，每一个到体育馆观看比赛的观众都是希望可以得到身心的娱乐和放松，所以开发商想方设法的来增加观众的娱乐性体验，而为观众提供的体验类服务越多，他们所感知到的价值就越高，观众们也就愿意继续来观看其他各种比赛。完善的多功能服务可以体现在改善厕所设施、食品销售服务、特色餐厅、开阔的大厅、宽敞的座位等方面。

（三）环保观念逐步深化

美国大型体育场馆的建造从一开始的计划到最终的投入使用整个过程，对环境保护方面的考虑早已成为场馆建设的关键部分，包括新建场馆对周围环境的破坏、对居民生活的影响等各个方面。其中一个成功的案例是位于美国宾夕法尼亚州Neville岛的俄亥俄河边公园球场的建造，该公园建造在掩埋生活、建筑、工业和化学垃圾的垃圾处理厂之上。如今它是一座拥有室内和室外运动设施的多功能体育休闲中心。这座社区性质的体育休闲中心不仅为当地增加了就业机会，而且也为增加个人和公共的收入起到了积极作用。在1998年到1999年间，数以千计的观众开车穿越通往位于宾夕法尼亚州Neville岛新桥，只是为了观看两场室内冰球比赛。而这个以前被称为"剧毒公园"的地方如今已变成了一个区域运动休闲中心，可以为居民提供溜冰、足球、曲棍球、棒球、排球、篮球、健身、室内高尔夫训练以及餐厅服务。从20世纪30年代开始，这块场地就被划为市政垃圾处理厂接收处理生活垃圾和建筑垃圾，在1952年到1965年间处理工业垃圾，这些垃圾给附近的土地和水资源造成了污染和各种安全隐患。新中心建成以后，每天可以接待2000名参与运动者和观众，当地的各种球队也在此进行训练和比赛，在1999年，河边公园体育中心主办了大学生运动会，自此许多专业球队对这个体育中心产生了浓厚的兴趣。中心拥有者估算，每年的到场者将达到50万人次。河边公园运动中心从一个垃圾场发展到今天每天接待数千人的体育休闲中心，其雇员有70名左右，中心的建成不仅成功的保护了当地居民的利益，使得Neville岛免遭环境危害，另一方面项目的完成也增强了Neville岛居民的自豪感，并且为小岛镇区的综合性再发展提供了空间。俄亥俄河边公园休闲中心的成功是EPA（美国环境保护代办处）、Nevelle土地公司、宾夕法尼亚环境保护部、阿列格尼郡（Allegheny County）和当地社区等多方面共同合作努力的结果[1]。

（三）新建场馆融资方式多元化

美国最早是由球队俱乐部自己投资建造针对自己比赛训练项目的大型体育场馆，现在虽然政府投资占主要部分，球队俱乐部也是相应项目体育场馆的重要投资者。美国NBA联赛的菲尼克斯太阳队在1992年建成的美国西部球馆的投资中，总的投资额是0.977亿美元，菲尼克斯太阳队的投入是0.55亿美元。除此之外，俱乐部在场馆建成后的经营管理中，也依然起到极为重要的作用。由于电视转播权、彩票、标志产品的开发等多种融资手段得到的收入都是属于俱乐部，因此只有与俱乐部保持紧密的联系，体育场馆才能获得这些收益。多渠道资金来源是保证美国体育场馆特别是大型体育场馆建设运营的关键所在。美国体育场馆融资形式的多元化趋势主要表现在：现金捐款、实物捐赠、餐馆经营权、租赁协议、豪华包厢、优先座位安排、永久座位许可权、停车费用、商品销售收入、餐饮服务经营权、房地产赠送、遗赠和信托物、冠名权、排他性的特权受让人、各种资助组合、寿险组合、广告权、销售合同、资产支持型证券、各种基金等等。在下面的章节中将会详细探讨美国大型体育场馆的融资模式。

（四）大型体育场馆管理民营化

美国许多拥有体育场馆的城市都开始雇佣管理公司对当地的大型体育场馆进行

---

[1] www.epa.gov Ohio River Park Case Study. Superfund Redevelopment Program US EPA.

运营管理。这些公司由于经营规模的扩大可以更大程度的实现规模经济，并提供专业经理人，更为重要的是他们有能力使大型体育场馆的运营与当地政治隔离开来，这样一来体育场馆的运作就会有更为充分的自治空间。

大型体育场馆已经成为美国经济发展的主要工具之一，在20世纪90年代就有超过40个大联盟的体育馆被建造，而小联盟以及大学内部体育场馆的建造则数以百计，在此期间建造大型体育场馆的花费超过了90亿美元，大约有55%的资金来自公共基金。在最近的美国凯托研究所（Cato Institute）的一项调查显示，美国20世纪在主要联盟大型体育场馆上的总花费超过200亿美元，其中有大约150亿美元是来自公共资金。虽然有研究表明大型体育场馆对于一个城市的经济影响是十分巨大的，但是公共资金在大型体育场馆的支出从表面上来看回报并不十分明显，而私人企业来经营管理体育场馆可以获得经济效益，提高服务质量，增加就业机会，确保劳动人口的稳定性。美国的SMG公司和Global-Spectrum公司与市政当局及民间设施业主合作，经营管理美国众多的体育馆。SMG是由两家财力相当的财团所组成，2003年，SMG在全球为政府和民间客户管理156个设施，其中包括63个体育馆、7个体育场、31个表演艺术中心、44个会议中心以及11个其他游乐设施。总体来看，SMG经营与管理的娱乐场所座位总数已超过140万个。Global-Spectrum是华纳有线的一个部门，创立于1994年，是第二大的政府赛事设施管理公司，目前管理北美31个设施。SMG和Global-Spectrum都为客户提供了相当大的服务选择空间，包括统包经营和开幕前的商务咨询、设计以及新设施的建设与现有设施的正常运作[1]。

第二节　美国大型体育场馆的投融资模式

根据搜集和查阅的美国大型体育场馆投融资的有关文献资料，目前美国大型体育场馆的投融资模式主要有3种：公共投融资模式、私人投资模式和公私合作融资模式。

一、公共投融资模式

大型体育场馆特别是用于职业体育的场馆最初多由俱乐部自身投资兴建，在

---

[1]　www.onlinesports.com/sportstrust/sports16.html

1960年以前，大多数新建场馆都是私人的。场馆的所有权和融资模式在大联盟运动成为全国性赛事时开始转变。由于南部和西部经济及人口的增长，交通状况的改善和费用的降低，球队和联盟开始在阳光地带寻找空间重建或设立扩大的特许点。一些球队更愿意成为西部或南部城市的专营者而不是多球队市场中的竞争者。因此，联盟开始了一个为期30多年，在4个主要职业运动中新增50多支球队的扩张行动。这个迁移和扩张行动使许多城市成为未来的大联盟特许点，并竞争成为球队的接收者。只有很少球队最终拥有场馆，虽然有时候有些城市允许球队或公司经营体育场馆，但由城市拥有场馆越来越普遍。自20世纪50年代末，体育产业经历了一个长期的繁荣时期，到场参与，转播和特许权的收益持续增长。而同时，球队收益用于体育场馆的开支的比例下降，这是由于州和地方政府提高了对球队的补贴。虽然收益的增加是球队扩张的最主要原因，但城市提供体育场馆补贴的意愿也不可忽视。从1960年开始，大联盟球队成为一个新的受补贴设施的受益者，许多球队不仅仅只拥有一个新主场。很多球队会以迁至别处相威胁来要求地方尽快建造新体育馆，因此各大城市都在积极提供补贴，加大对场馆的投入，以修建新的体育场馆以吸引球队。

在美国最常见的公共融资手段是发行债券，包括普通责任和专门用于收益的债券、租借拨款债券和增值税债券。普通责任（general obligation）债券由发行机构（州、地方或区政府）全部的信誉和信用支持，通常要求使用从价税（通常以对全部应纳税财产从价征收的税款偿付）。从价税亦即财产税，财产价值越高，税收越高。从价税的理论依据是拥有的财产价值越高就越富有，也就能够支付更多的税。普通责任债券发行成本一般较低，信用等级较高，但其数量一般较少，通常不需要债务储备金。收益债券是公共融资中的特殊义务债券，只能通过特别的资金来源支付，包括税收、饭店、销售、酒类、香烟和其他来源的附加费用收入。收益债券的利率一般比较高，但其信用等级却不是很高，需要较高的债务服务保险总额比例和债务服务储备金，通常情况下需要州、地区或地方政府做出一定的承诺。参与证明书（COPs）融资机制需要政府成立一个公司来购买或修建一个体育场地，然后由该公司发行参与证明书来筹集资金购买（修建）体育场地，再由政府租用该体育场地，用出租该体育场地的租金来偿还债券。虽然参与证明书看起来像传统的债券，但这并不是由发行债券的政府实体的完全保证和信用来支持的。这种融资模式类似于我们通常所说的融资租赁方式。增值税债券（TIF）；新建大型体育场地引发了附属经济发展项目的增加，而增值税债券业务是以其财产税价值为基础的。划定投资项目周边区域作为增值税债券的税基，并将之冻结，使税基的任何增长也都要用于偿还增值税债券。任何增值税债券资助地区的经济都在很大程度上取决于所选择地点和周边地区的发展潜力。

美国的州或地方政府在资本市场发行债券为资本支出项目融资，如体育馆、体育场、停车场的建设和基础设施的更新[1]。基础设施的改善包括公路、市政和其他公共需求。投资者将这种债券称为市政有价证券，因为这是由州下属行政以税收支持的，大多数州对于其发行的债券的利息也减免州的收入所得税，另外每个州在对债券利息收入的税收方面有不同的规定，例如南卡来纳州的公民对于州政府发行的债券无须支付收入所得税，但是本州以外的债券利息收入则需要按南卡来纳州的收入所得税规定纳税。美国的许多城市都在争相吸引并留住职业球队，联邦、州和地方政府也对体育设施进行财务资助。资助成为吸引球队和投资者的重要因素，他们这样做的目的是因为：资助计划可以免去联邦、大多数州和地方对市政有价证券利息的收入所得税，这些市政有价证券是用于体育场馆融资的，而借方则可以以低于利息税的较低利率出售债券。

除了政府参与的公共投融资，还有很多其他手段可以使大型体育场馆获得额外的公共资助，或由政府直接减少利息税和降低借款要求。这些机制中有些包括购买或捐赠土地、资助改良体育场馆、停车场以及周边的基础设施，直接的资产净值投资和相关设施的建造。这些资助可以直接进行，也可以通过某个独立机构并且通过新债务担保支付政府信贷。公共机构投融资在美国职业体育中广泛的存在，美国许多城市、州和地方社区为了社区的经济利益资助体育馆和相关体育中心等设施的建设。

二、私人投融资模式

私人投融资模式主要是由私人机构负责筹集大型体育场馆的建设资金，并享有场馆的所有权和经营权。美国职业体育场馆在20世纪60年代以前主要是由私人投资，虽然美国各州和地方政府为吸引职业球队落户，掀起了一阵由公共资金投资建设场馆的高潮，但目前这种局面已一去不返，越来越多的城市选民抵制用公共资金修建场馆，部分职业球队如圣弗朗西斯科巨人队等不得不采取私人投资建设球场。私人投资建设场馆的主要资金来源渠道和融资方式有银行贷款、资产债券化融资、个人座位许可、俱乐部座位和豪华包厢等的销售收入、冠名权和特许经营权等的预付费用等。

---

[1]　www.xametro.com/dtzs/ShowArticle.asp?ArticleID=796

从20世纪八十年代开始，场馆出现了一个收益来源迅速增长的新趋势，特许经营权成为收益中非常重要的一部分。这些可以在赛事中出售的食品、饮料和体育纪念品的数量和质量都发生了巨大变化。由于特许经营权的盈利性的增长，特许经营产品供应者们愿意支付大笔资金来获得特许经营权以进入体育场馆。在一些案例中，特许经营权有排他性，如一种饮料或啤酒的制造商可能会在所有特许经营摊位上追求特有的"倾销权利"。该权利有两个价值来源：在馆内的销售利润和另外的与球队和体育场馆有联系作为其"官方指定饮料"的市场价值。在其它案例中，经营者单纯追求非独占经营权，只求在馆内获得一席之地。另外一个重要的收益来源则是体育场馆的冠名权，这个商业活动始于新英格兰爱国者队通过将体育场的名字出售给Scheafar Brewing公司的方式融资建造他们的Foxboro体育场。由于出售冠名权的利益非常可观，所以出售体育场馆命名权将会越来越普遍。此外，还有一个重要的收益来源是种类繁多的座位类型，也为球迷们提供了特别的好处，如豪华包厢、个人座位许可证，都是为许可证持有者更多地提供购买特殊位置的选择。上述场馆收入来源成为场馆私人投资的重要融资渠道，为球队私人投资建设场馆提供了大量的建设资金。

私人投融资模式可以使球队脱离公共资金补助的限制和对球场收入的分割，而且对于球队所有者来说也存在巨大潜在利润。修建大型体育场馆的土地可以是私有也可以为公共的。如果牵扯到公共资产，球队和拥有此资产的政府机构将对土地销售价格进行协商，如果政府继续享有拥有者的身份，球队和政府将就补偿贸易进行谈判。然后球队和开发商将合作出资建造场馆以及店铺、酒店或者其他一些属于此场馆项目一部分的商业设施。球队所有人将从运营和租借这些商业行为当中获取利润并保留此利润。

从1996年到2006年当中，美国的纳税人为了建造新的大型体育场馆的公共投资达140亿美元。但是现在，西雅图、萨克拉曼多等许多城市都不再愿意接受职业球队对公共资金提出的申请。西雅图的投票以压倒性多数决定阻止2006年11月份以公共资金来资助专业球队，同时，萨克拉曼多郡投票否决了以销售税资助萨克拉曼多国王队建造新篮球馆的议案[1]。

位于美国加利福尼亚州西南洛杉矶市北面的葛伦德耳市（Glendale），2003年建成了一座造价1.8亿美元的曲棍球场，融资途径基本上是靠临近混合利用与开发。

---

[1] Ronald W. Powell. Commercial model may be stadiums' future. Sign On San Diego. Union-Tribune Publishing Co. Copley Newspaper. 2006.11.28

但是建造一座大联盟的橄榄球场地的成本则要庞大许多，2005年落成的亚利桑那红衣主教队的主场菲尼克斯大学球馆造价为4.55亿美元，其大部分资金来源是靠汽车租赁税。对于体育场馆特权拥有者来说，通过利用私人资金投资购物中心、住宅、酒店和办公室等项目的方法来筹集资金，再用来弥补建造体育馆的成本，而目前美国橄榄球联盟的球场对于这种模式的采用还很少。1998，圣地亚哥投票同意市政为造价达4.74亿美元的排寇棒球场（Petco Park）提供超过3亿美元的公共资助，该市将在2032年前每年支付1500万美元，来还清为建造球场所发行的1.697亿美元的债券债务，其他许多城市里也陆续开始放弃利用公共政府补贴资助新场馆建造的方法。

国民城市公司（National City Corporation）与加州的Chula Vista市合作，准备建造一座新的光电队场馆，光电队所有者认为有着将近40年历史的老球场过时并缺少豪华包厢等可以增加收入的设施，曾提议新建球场设施以更换原有的Qualcomm球场，新设施包括6000个共管公寓、一个酒店、餐馆、办公室和其他一些商业设施。但是在2006年1月，球队的管理者放弃了这个计划，因为他们无法找到一个愿意分担8亿美元成本的开发商。由于圣地亚哥市政无力为新场馆提供公共补贴资助，市议会投票通过允许球队可以在郡的其它地方选址建造场馆。球队在2008年赛季结束后必须还清由圣地亚哥市在1997年为扩建Qualcomm球场而发行的6000万债券之后才能另迁新址。而随着建造成本的飙升，一座新的电光队球场将花费预算为6亿到10亿美元，球队不能再单单依赖公共资金，市政部门已经决定通过商业开发的方式说服纳税人支持新场馆的建设，纽约巨人队和纽约喷气机队也计划采用市场化商业开发模式在新泽西建造球场。[1]

三、公私联合融资模式

美国大型体育场馆尤其是部分可以满足职业体育需要的体育场馆，目前主要采用公私联合融资模式（public-private partnership），简称PPP模式。但该模式的形成并不是一蹴而就的，其发展经历了近半个世纪的历城，才最终形成了PPP模式。根据美国有关学者Howard（2003）的研究，美国PPP模式的形成经历了4个时期。（表2-2）

---

[1]　http://www.signonsandiego.com/uniontrib/

表2-2　美国大型体育场馆公私联合融资模式形成表

时期	体育场		运动场地		投入合计	
	公共投入百分比	私人投入百分比	公共投入百分比	私人投入百分比	公共投入百分比	私人投入百分比
酝酿阶段（1961—1969）	82%	18%	100%	0%	88%	12%
公共资助阶段（1970—1984）	89%	11%	100%	0%	93%	7%
过渡阶段（1985—1994）	85%	15%	49%	51%	64%	36%
公私联合阶段（1995—2003）	62%	38%	39%	61%	51%	49%

　　从表2-2可以看出，美国体育场馆建设资金中，私人投入的比例逐步上升，并最终在运动场地的投入中占有较大比例。

　　美国对于一些公共设施尤其是一些大型的体育场馆的资助已经广泛使用公私联合的形式。随着这些设施及其承租人所创造的收入不断增加，也提高了私人资本对设施投资参与的水平。表2-3是公私联合参与的实例[1]。显然，近些年各州和地方政府对体育和其他公共设施的发展很有兴趣，而且对这些设施的资助方式也多种多样。扩大建筑运作和承租人的收入来源促进了公私合作，公共机构资助手段由私人机构的收入来源进行补充。

表2-3　对公共和私人大型体育场馆资助的参与

体育场	公 共	私 人
阿拉莫多	0%~5%营业税资助的城市收益债券	体育场收入
美国西运动场	特许权税资助的城市收益债券	冠名权、体育场收入
布拉德利中心体育场	用一般债券购买的土地捐赠	地方家庭捐赠
夏洛特体育中心	土地捐赠	冠名权、体育场收入、贵宾席押金、豪华包厢收入
库尔斯体育场	用增加的1%的销售税来担保的特税区收益债券	冠名权、体育场收入
德尔塔中心运动场	城市增值税融资债券	由场馆收入担保的私人贷款
克利夫兰骑士运动场	国家普通责任债券豪华税分配	私人捐赠和基金捐助贵宾席押金收入

---

[1] Pelissero, John, Beth Henschen, and Edward Sidlow, 1991. Urban Regines Sport Stadiums, and Politics of Economic Development Agendas in Chicago, Policy Studies Review 10:117–129.

续表

塔吉特中心运动场	增值税融资债券	由运动场和健身俱乐部收入担保的贷款
阿林顿棒球场	增加营业税来担保的城市收益债券	冠名权、豪华包厢收入、球票附加费用、座位选择权、特许权获得者所支付的费用

　　值得注意的是，随着美国体育产业的发展，政府作为主要投资人的作用在逐步的淡化，目前美国大多数体育场馆的融资方式已经演化成为由私人参与的典型的BOT模式。在美国的旧金山、丹佛、华盛顿特区、波士顿，新的体育场馆建设完全由私人资本进行投资，而在美国的的其他城市如哥伦比亚、波特兰以及费城等地，也只有很少量的政府资本介入新的体育场馆建设。自1990年以来，政府资本对体育基础建设的投资约104亿美元，而私人资本投资约为76亿美元。在由惠誉国际信用评级公司所做的38家（23家政府融资评级，15家私募资本评级）累计金额达到60亿美元的用于场馆建设和再融资的债券评级时，其中35亿美元来自23次税收支持的政府债券融资，而有25亿美元来自15次单独的项目融资或者资产支持的场馆融资。这进一步表明私人资本在体育场馆融资中的作用越来越大[1]。私人资本在1980年之前较少介入体育场馆融资，随着80年代后期美国出现融资形式的多样化，体育产业市场化程度提高，私人资本对体育场馆建设兴趣增加，从而使私人资本在体育场馆融资中作用越来越大，私人资本在美国体育场馆融资总额中所占比重也逐年上升占有越来越重要的地位，见表2-4。

表2-4　美国体育场馆融资中私人资本变化趋势[2]

年　份	1973	1980	1987	1990	1995	1998	2002
私人资本所占比重（%）	16.2	19	19.3	20	28.6	35	37.8

第三节　美国职业球队场馆建设与融资的决策

　　大型体育场馆是体育产业中重要的组成部分，它们是俱乐部主要的收入来源。

---

[1]　廖理，朱正芹. 从金融产品创新看美国体育场馆融资[J]. 国际经济评论，2004(9-10)

[2]　资料来源:David Swindell" Sports Stadiums Can be Privately Financed",The Buckeye Institute for Public Solutions.

许多联盟俱乐部的最高与最低收入的差别要么与他们场馆的容量不同有关，要么与他们和其他承租人分摊场馆收入合同的不同有关。大型场馆在城市经济复苏和为城市申办大型赛事中均扮演了重要的角色。例如，作为政府资助修建信赖体育场的回报，休斯顿申请的2004年第28届橄榄球超级碗大赛在休斯顿德克萨斯人信赖体育场举行。同时，申请超级碗大赛在得克萨斯州举行也是1997年休斯顿财团申请获得美国橄榄球联盟会员的一个重要因素。

该部分列出了3个主要的与建设、运营场馆有关的商业因素：（1）在场馆商业活动中的主要决策者；（2）场馆是可以产生多元化收入的资产；（3）为场馆的建设和运营寻求公众资金资助。

一、所有权拥有者、运营者和承租人影响场馆的决策

影响场馆商业管理有关决策的3个因素：（1）谁拥有场馆；（2）谁经营和管理大型运动场；（3）有多少个体育俱乐部租赁场馆。

表2-5列出了这3个因素的结合。最简单的案例是一个俱乐部拥有、经营场馆，而且是场馆的主要承租者。如NFL中的FedEx Field或华盛顿红皮肤、MLB中的旧金山巨人队的SBC球场以及英超中的曼联的老特拉福球场。这些俱乐部在决策上有很大的灵活性，如冠名权的赞助商、票价和场馆其他可能的承租人等。

对于只有一个承租者的场馆来说，当场馆由第三团体拥有或是经营时，其复杂性就会上升。关于场馆的决策权、收入分配和成本责任等必须在俱乐部、场馆的所有者、经营者之间进行磋商并写进合同。路易斯安娜超级圆顶就是一个很好的例子。NFL的新奥尔良圣徒是场馆承租者，而超级圆顶由路易斯安娜州拥有，由SMG设施管理部门管理。场馆的决策权涉及俱乐部、所有者和场馆运营者3个部门。

表2-5　露天大型运动场\竞技场的所有者、经营者和承租者的数量

	所有者：俱乐部 经营者：俱乐部	所有者：第三方 经营者：俱乐部	所有者：第三方 经营者：第三方
单一承租者	I	II	III
多种承租者	IV	V	VI

当场馆有多个承租者时，复杂性就增加到一个更深的层次。在室内场馆中经常会出现多种承租者的情况。最简单的例子是案例IV，承租人同时拥有场馆的所有权和经营权。丹佛的百事可乐中心就是一个例子。斯坦·克伦克既是场馆的所有者和

经营者，同时又是两个主要的承租者NHL的科罗拉多州雪崩队和NBA的丹佛掘金队的所有者。NHL 和NBA都需要体育俱乐部个体的资金作为基础。这必然需要制定一个如何在雪崩、掘金以及其他可能的事务中分割百事可乐中心所有的收入（比如，竞技场的冠名权和包厢收入）的规则。包厢所有者购买的是在百事可乐中心举行的所有赛事，而非某一个球队。

最复杂的案例是一个场馆有多个的承租者并由不同实体所有和经营。洛杉矶斯太博中心是一个典型的例子。斯太博由菲尔Anschutz和Edward Roski，Jr所有，同时由AEG公司经营，并拥有五个承租者（NBA的洛杉矶湖人和洛杉矶大剪刀、NHL的洛杉矶国王、WNBA的洛杉矶鲨鱼以及AFL（美国劳工联合会）的洛杉矶侵略者）。这些承租者由不同的所有权人所有。最终，由各个俱乐部经过协商确定如何分配斯太博中心的收益。

二、基本认识：大型场馆是一个可以产生多元化收入的资产

体育领域的所有管理者都面临着如何提高收入这一无止境的需求。场馆多元化的收入来源与其自身的多功能性有关，这一点可以从休斯顿德克萨斯人主场信赖体育场得以证实。该体育场拥有可收缩的屋顶和天然草皮运动场。德克萨斯人作为NFL的新增成员，在2002年9月进行了他们的揭幕赛，对手是与达拉斯牛仔队（休斯顿以19比10获胜）。德克萨斯人支付给NFL破纪录的7亿美元的特许经营费，并应连续支付5年以上。信赖体育场整个工程的支出为3.1亿美元，其所有者是哈里斯镇——休斯顿体育管理部门，该公共部门管理者支出1.95亿美元作为建设成本，该部分资金主要来源于旅馆和汽车旅馆税收的公众资金。余下的1.95亿美元来自于两个主要的承租者——休斯顿德克萨斯人队（由Bob McNair领导）和休斯顿牛仔竞技节和动物展。

容量的决定：信赖体育场大约能容纳6.95万人。在规划阶段，必须要讨论额外增加的容量与可能需要的坐位数（包括高峰期的需要）之间的平衡。拥有过大容量的成本包括建设和经营一个面积过大的场馆，同时也包括当比赛进行时很多坐位空置而减小了其实际的价值。NFL有一项电视转播的管制政策——只有在比赛开始前72小时门票全部卖出的比赛才能在所在城市直播。球队在当地电视转播市场上的损失对其赞助商和球迷而言是非常不利的。这种电视转播管制政策刺激新的NFL体育场馆容量相对比较小。

表2-6列出了部分职业联盟的体育场馆面积大小的汇总数据。MLS（美国足球大

联盟）NFL（美国橄榄球联盟）和 EPL（英超联赛）都是在室外进行的，而NBA(美国职业篮球联赛)、NHL（美国曲棍球联盟）和WNBA（美国女子职业篮球联赛）都是在室内进行的（虽然室外与室内的区别不是很明显，因为部分体育场馆带有收缩性屋顶）。

表2-6　部分职业体育联盟场馆的容量

联盟	最大	最小	平均容量	平均入座率	平均包厢数	平均俱乐部坐位	城市比赛
NFL	85407 华盛顿红皮肤队 联邦快递球场	60272 印弟安纳小马队 RCA Dome	69828	66662	141	7636	8+2季前
MLB	57545 纽约扬基运动场	33950 Fenway公园 波斯顿红袜队	46278	28025	75	3983	81
NBA	22076 Detroit Pistons Aubur山宫	17100 Seattle超声波 主竞技场	19353	16883	89	2024	41
NHL	21631 加拿大蒙特利尔 贝尔中心	11000 Nashiville Preodators Gaylord中心	18490	16589	94	2094	41
MLS	25576 Metro Stars 巨人体育场	8500 达拉斯烧龙体育馆	21174	14898	82	4463	15
WNBA	24042 夏洛特体育馆	10000 Conecticut Sun Mohegan Sun竞技场	18705	8933	84	1780	17
EPL	67630 老特拉福 曼联	19148 富勒姆鲁富斯球场	37784	35445	N/A	N/A	19

来源：2004年体育场馆收入的信息（Media Ventures，2004）和Deloitte，足球财务年度回顾。

个人坐位许可：个人坐位许可（PSL）是一种通过一次购买获得运动场馆内某个特殊坐位（尤其是优越的位置）长期权利的凭证。PSL让观众自己控制他们的票和坐位以及长期的坐位所有权。场馆所有者可以获得所有PSL的销售收入和每年季票的收入。同时，PSL的所有者，在很多情况下，有权转售PSL和抓住任何其市场价值增长的机会。

休斯顿德克萨斯人卖了大约4.1万张个人坐位许可，价格在600美元到4200美元之间。假设取中间价位2400美元，这也取得了0.984亿美元的收入。这种前期的资金收入是投资者能够保证其付出的3.1亿美元的建设费和7亿美元的特许经营费的能够收回的重要保证。

　　冠名权：一个具有吸引力的冠名权为体育场馆提供了长期的预期资金流入。哈里斯镇——休斯顿体育管理中心花费3亿美元与信赖体育场签定了30年的冠名权合同。这是在所有体育中最有吸引力的冠名权交易之一。表2-7报道了2003年最高冠名权收入例子。休斯顿德克萨斯人的冠名权交易费用的相当于多年平均交易额的75％。

表2-7　MLB主要球场的冠名权交易情况

球场名称 交易额（美元）	城市 联盟	截止期 年、长度	平均每年价值	主要承租者 （百万美元）
信赖运动场 $3000万	休斯顿 德克萨斯/NFL	2033/30年	$10	休斯顿德克萨斯人
联邦快递球场 $2050万	Landover Maryland/NFL	2025/27年	$7.59	华盛顿红皮肤
美国航空中心 $1950万	Dallas，Texas NBA/NHL	2030/30年	$6.25	DallasMavericks Dallas Stars
飞利浦球场 $1850万	AtlantaGeorgia NBA/NHL	2019/20年	$9.25	AtlantaHawks AtlantaThrashers
MinuteMaid公园 $1700万	休斯顿 德克萨斯/MLB	2029/28年	$6.07	休斯顿Astros

　　包厢：包厢提供给使用者更高档的观看比赛的场景——更宽敞、方便购买食物和饮料以及隐私性。包厢一般是长期销售。在信赖体育场的第一赛季中有165间包厢。为了满足市场过高的需求，他们决定另外增加19间豪华包厢。大多数包厢平均容纳19到21人。在2004到2005年，价格的范围从5.5万美元到22.5万美元不等，平均价格是154000美元，184间套房就能产生280多万的年收入。

　　季票持有者：这种收入来源在俱乐部每年的财政计划中是很有吸引力的。季票必须在每一赛季的开始付清所有的钱。如果场馆将门票作为季票全部售出，就不需要后期的市场销售了。在信赖体育场大约有3.8万个带有PSLs的季持有者。每年季票的价格是500到2680美元之间，中间价位是1590美元，最终的收入是60.42亿美元，另外16700个没有PSLs的季票持有者的票价是300到430美元。按照中间价位365美元来算，最终的年收入是6095万美元。

　　信赖体育场的其他收入来源包括有场馆内的赞助和广告以及停车费。另外，德克萨斯人从附近的一个度假村赚到了150万美元，这些包括租用场馆的帐篷和开派对的场所以及其他设施。总之，俱乐部通过场馆外的努力获得了商业上的成功。

三、为场馆的建设和运营寻求公共资金资助

表2-8　MLB1990-2004年新建场馆一览表

年份	球队	球场名称	投资额	公共资金比例
1990	坦帕湾魔鬼鱼	纯品康纳球场	$85	100%
1991	芝加哥白袜	美国Cellular Field	150	100
1992	巴尔的摩金莺队	Camden Yards	210	96
1994	德州游骑兵队	Ballpark at rlington	191	71
1994	克里夫兰印弟安人队	Jacobs Field	180	82
1995	科罗拉多洛奇队	Coors Field	215	75
1996	奥特兰大勇士	Turner Filed	232	100
1998	亚历桑那响尾蛇队	Bank One Ballpark	354	75
1999	西雅图水手队	Safeco Field	517	76
2000	底特律老虎队	Comerica公园	295	45
2000	休斯顿Astros	Minute Maid Park	248	68
2000	旧金山巨人	SCB Park	350	0
2001	密尔沃基酿酒人	Miller Park	312	71
2001	匹兹堡海盗队	PNC Park	320	85
2003	辛辛那提红人队	大美国球场	289	90
2004	费城费城人	城市银行公园	349	50
2004	圣迭戈教士队	Petco公园	450	66

来源：George Foster, Stephen A. Greyser, Bill Walsh. The Business of Sports:Text and Cases on Strategy and Management[M].Thomson South-Western.2006.

　　新建体育场馆的成本仍然在快速上升。表2-8总结了MLB从1990年到2004年期间的新建场馆的情况。1990年到1992年新建3个场馆的平均费用是1.48亿万美元，其中99%是公共资金。2003年到2004年新建3个场馆的平均花费是3.62亿美元，其中67%是公共资金。公共资金可以有多种多样的形式，包括有酒店—旅馆税收、汽车租赁税、停车税、机场旅客税、过失税（针对于酒精和香烟而征收的），城市、城镇或州的销售税，或城市、城镇、州的一般借贷。

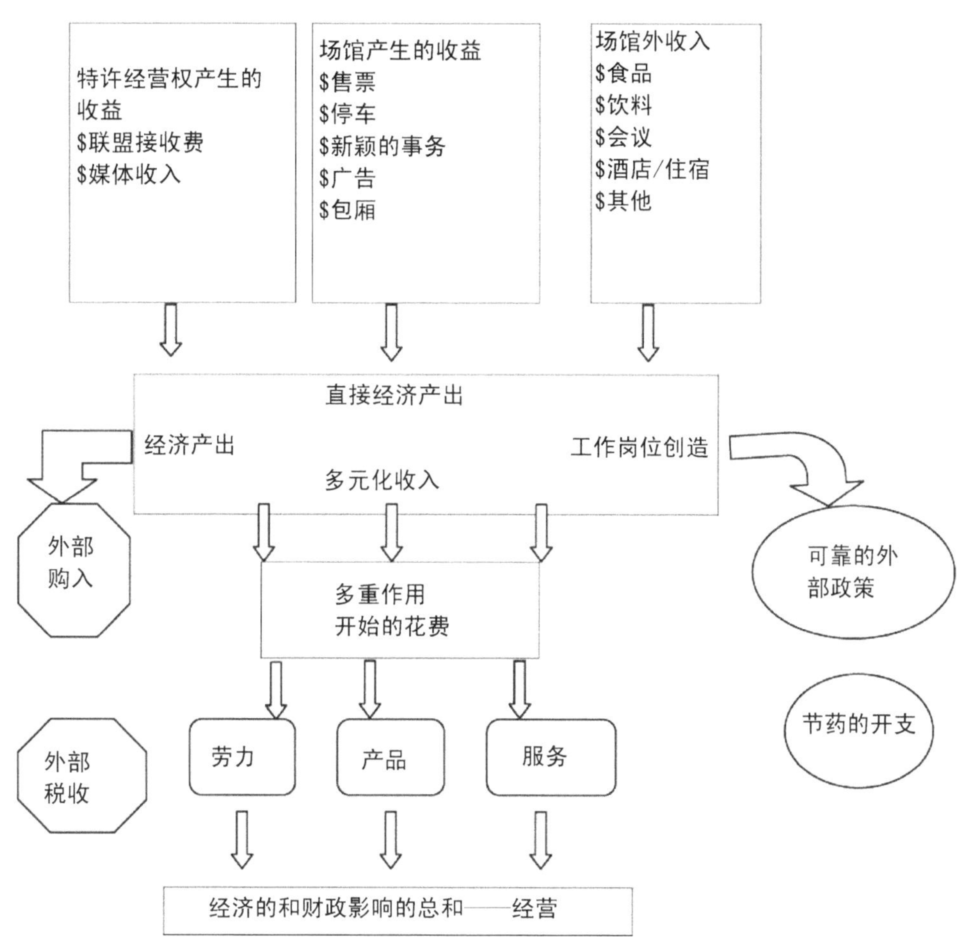

图2-1 新建场馆建议的经济和财政影响评价图

来源：Barrett体育组织"Task Force on Chargers Issues Final Report"。

在过去的20年里利用公共资金修建新体育场馆的支持者和反对者进行过多次的争论。争论的每一方所提出的观点基本上是可以预测的，尽管在每个场馆中可能有所变化。支持利用公共资金者一般会引用下面某一点或所有的观点：（1）由于球队支持者的到访为城市产生的额外收入。如场馆内收入（如停车费和特许权费）和场馆外收入（如酒店、住宿和租车等）；（2）在体育场馆的建设和经营过程中创造工作岗位；（3）新场馆会为城市争取很多赛事，例如全明星赛，甚至全球赛事，如足球世界杯或英式橄榄球世界杯等；（4）通过发展旅游业、会展业等来提高城市的地位；（5）拥有一个职业运动队有利于社区建设。

图2-1重点介绍了一个新建场馆的潜在经济影响的途径。这个表是由Barrett体育组织为NFL的San DiegoChargers的一个场馆工程的争取公共资金资助所准备的。

反对利用公众基金来建设或运营体育场馆的人会列举部分或以下全部的观点：（1）俱乐部的所有者（一般是已经很富有的人）获得新场馆收入中的过高比例的收益；（2）过高估计整个城市收入的增长，一些场馆收入增加而城市的收入却在降低，（场馆有可能只是一个收入的替代品而不是一个新的收入增长点）；（3）在部分优秀的社区中，体育场馆所产生的收入并不高，一些社区销售税收的增长更多的来源于好的学校、好的医院或好的警察和消防服务等。

四、俱乐部决策中需考虑的问题

新建场馆公共资金的资助比例是由诸多组织共同决策的结果。在决策中需要由俱乐部考虑的问题主要由以下几个方面。

（一）100％的私人资金是否可行

100％由私人资金投资建设体育场馆的案例不多，如1999年斯太博（NBA的洛杉矶湖人队和洛杉矶快船队以及NHL的洛杉矶国王队），2000年MLB的旧金山巨人队的太平洋贝尔公园（现在的SBC公园）和2003年NFL的新英格兰爱国者队的吉列球场。这三个案例是例外的。在每个案例中，从新场馆中获得的收入都远远超过了在以前场馆中的收入。收入若没有这样显著的增长，100％的私人资金在经济上是不可能的。"可行"也意味着在所有者财务能力范围内即使场馆产生的收入低于场馆的建设成本也是可行的吗？

（二）公共资金使用的限制和其它花费（外部的或内含的）是什么

城市和城镇可以限制场馆的使用，如在冠名权和票价提高方面的限制以及在场馆其他利用方面。公共资金的使用使之可以分享新场馆的收入，如俱乐部和城市对场馆冠名权的收益进行分成。俱乐部在与城市或城镇签定场馆使用协议时需要非常高的技巧，俱乐部在谈判方面的投入可为俱乐部带来丰厚的回报。俱乐部签定的合同若仅包含较少的场馆收入，则使俱乐部处于经济上的不利地位，其对手可能获得较为有利的合同。

（三）投票者对于不同公共资助水平的态度是什么

新的税收必须获得投票者选票的支持。在一些案例中，投票者可能没有使用公众资金的意愿，在20世纪80年代和90年代早期，旧金山巨人队在寻求公共资金解决场馆资金中连续失败四次。在该案例中，球队所有者提出了以下几种可供选择的解决方案：（1）将球队搬迁到一个提供公共资助场馆建设的城市；（2）减少他们的所有权以引入吸引新的投资者来帮助建设一个新的场馆；（3）搬入一个现有的场馆。

（四）建设强大的社区体系

私人部分和公众部分资金的结合可以引导两个部分同时高效的工作。这可以在俱乐部、城管办公室、政府部门和社区之间建设一个更加强大的体系。

（五）联盟内的竞争状况

如果大多数俱乐部都过度使用公共资金，那些很少依赖私人资金的俱乐部可能对其他俱乐部不感兴趣的债务有更高的兴趣。这种高利息的支出可能使俱乐部处于不利之地，使俱乐部必须考虑财政预算的偿还能力。表2-8中公共资金的比例统计表明旧金山巨人队0%的公众资金与其它俱乐部的公众资金的水平之间存在着较大的差别。旧金山巨人队的管理团队每年仅利息就要支出2000万美元，而其他俱乐部则不需要支付。

五、圣弗朗西斯科巨人队球场融资方案分析[1]

2004赛季之前，SBC运动场和太平洋贝尔中心一样有名。自从2000年球队迁入太平洋贝尔中心后，巨人队票房激增60%，如表2-9所示。2002年巨人队参加了几乎所有的世界大赛，遗憾的是在一场关键比赛中以7分之差输给了阿纳汉姆天使队。巨人队在2000年和2001年利润相当可观，而在2002年的利润却微乎其微。

当巨人队在1995年启动其在商业区新建一个棒球场的计划时就受到了某些人的质疑。毕竟，棒球场的流行度在大罢工后处于一个空前的低谷。海湾区的投票者已经否决了四项动用公共资金资建设助场馆的请求。

---

[1] George Foster, Stephen A. Greyser, Bill Walsh. The Business of Sports：Text and Cases on Strategy and Management[M].Thomson South-Western.2006.

表2-9　圣弗朗西斯科巨人队场上记录和票房历史（1993－2003年）

年份	运动场	胜败记录	每场比赛平均票房	赛季总票房	MLB总票房平均值
1990	Candlestick球场	85–77	24389	1975528	2040959
1991	Candlestick球场	75–87	21450	1737478	2058014
1992	Candlestick球场	72–90	19272	1560998	2009261
1993	Candlestick球场	103–59	32177	2606354	2637470
1994	Candlestick球场	55–60	21045	1704608	1843416
1995	Candlestick球场	67–77	15327	1241500	1793589
1996	Candlestick球场	68–94	17456	1413922	2169949
1997	3Com球场*	90–72	20875	1690869	2277526
1998	3Com球场*	87–74	23770	1925364	2401674
1999	3Com球场*	86–76	25659	2078365	2380436
2000	PacBell球场	97–65	40973	3318800	2480194
2001	PacBell球场	90–72	40877	3311000	2481346
2002	PacBell球场	95–66	40163	3253205	2309294
2003	PacBell球场	100–61	40307	3264898	2273813

*Candlestick球场在1997年改名为3Com球场

（一）获得认可

获得新建棒球场的许可需要巨人队同城市，大众和大量特殊利益团体一起努力。那些最初反对新建场馆者包括China Basin社区的居民，环保人士和支持滨水区土地作他用的娱乐热衷者以及部分不愿看到滨水区的一部分脱离船舶业的工业集团。

许可程序的第一步于1995年12月开始，即巨人队引出B提案以获得选举人认可来建造私人出资的球场。B提案是与许多反对团体协商的结果。在1996年3月，最终以67%的得票率通过了B提案。下一步是通过公共授权程序。高级副主席和法律总顾问Jack Bair在这一步中起重要作用，包括许多公共论坛和与很多公共机构及委员会的协商。这些机构包括圣弗朗西斯科监督委员会，计划委员会和加利福尼亚运输委员会，特别是圣弗朗西斯科重建机构在协调巨人队和居民以及特殊利益群体间的关系以满足各团体的要求方面发挥了重大的作用。

作为公共授权步骤的部分，一些协议是用来说明公众的关注点。一项协议包括对于球场内部广告的限制。在球场外部的正面仅允许与体场馆名字有联系的广告。另外，球场内所有的广告需要面向球场。更深层次的协议包括运输服务等均进行了约定。在1997年9月，巨人队完成了公众授权程序并被允许继续推进球场建设计划。

（二）融资计划

私人融资计划由五个基本部分组成，该计划由China Basin Ballpark集团(CBBC)负责并实施。CBBC是圣弗朗西斯科巨人队为融资和建设球场而成立的子公司。表2-10列举了球场融资的实际来源及数额。

表2-10　PacBell球场融资的来源（百万美元）

融资来源	金额
贷款（大通证券）	170
球场冠名权	50
广告和特许权	75
包座证	70
税收增值融资交易	15
总额	380

1. 债　券

巨人队高级副主席和财政总监John Yee在1996年花费大量时间试图获得比较有利的银行贷款。在90年代的中后期有一个相对柔和的资本上升环境，巨人队的状况与大多数借债的公司不同。这是一支在四次机会中未能为体育场馆赢得公共资金的MLB球队，它正试图在全国最昂贵的城市之一中私人筹资修建一个新球场。从银行的角度看，这将会是一个与它的大多数贷款客户在风险问题上有很大不同的融资课题。MLB球队的利润率并不是很高，特别是球员大罢工以后，更加大了球队的风险。在1960年以前MLB球队没有私人筹资建设球场的成功先例，因此，这对巨人队而言是一个不小的挑战。

巨人队在1996年9月获得1.4亿美元的银行贷款。该合同为建设工程项目贷款，允许巨人队在第五年结束前进行再贷款。银团贷款由大通证券作为牵头银行。在1997年中，巨人队继续推行其计划并签下一些大赞助商，包括Anheuser—Bushch、Caco Cola、Chevron，完成了包括公共授权程序的契约协议，并在工地开始前期工程。另外，经济的蓬勃发展且利率状况变得更加有利，加之球队进步和更有利的宏观经济状况，巨人队调头与大通商定更为有利的合同。在1997年12月，大通提供了一笔新的贷款，即包括一个20年（到2017年）8%固定利息面值为1.7亿美元的建设工程贷款。现在每年还款接近0.2亿美元，包括本金和利息。

2. 体育场馆冠名权

过去的十年中，职业球队一直在将他们体育场馆的冠名权出售给企业。表2-11提供了过去十年新棒球场冠名权交易的部分情况。当巨人队向公众公布球场冠名计划时，他们想要有一个合适的冠名赞助商。

为选择合适的冠名赞助商程序，球队设定以下3种标准：该企业需要：（1）全国闻名；（2）在海湾地区有一个很强的地位；（3）能够被大众认可和敬重。经确认，符合上述条件的有近30家当地公司。Peter Magowan给每家公司写信解释球队新场馆的计划并了解这些公司在购买冠名权方面的意向。信中说明球队期望以大约0.4~0.5亿美元的价格出售冠名权。很快，一些公司作出回应，且巨人队与其中的四五家开始了正式的商讨。最后，巨人队与Pacific Bell Telephone公司达成一笔为期20年的0.56亿美元的交易（比前面估价约高0.15亿美元）。

表2-11　部分MLB体育馆场馆冠名权的交易情况一览表

年份	俱乐部	球场名（容量）	总价（百万美元）	年限	平均年价值（百万美元）	截止期
1994	Cleveland Indians	Jacobs Field(42800)	13.9	20	0.695	2014
1995	Colorado Rockies	Coors Field (50000)	15.0	---	----	----
1996	Oakland Athletics	Network Assoc. Coliseum(39875)	10.8	9	1.20	2007
1997	Tampa Bay Devil Rays	Tropicana Field (45000)	46.0	30	1.53	2026
1997	Anaheim Angels	Edison Field (45050)	50.0	20	2.50	2018
1998	Arizona Diamondback	Bank One(48500)	66.0	30	2.20	2028
1998	Seattle Mariners	Safeco Field (47000)	40.0	20	2.00	2019
1999	Detroit Tigers	Comerica Park (40000)	66.0	30	2.20	2030
2000	San Francisco Giants	PacBell Park (40800)	50.0	24	2.08	2024
2001	Pittsburgh Pirates	PNC Park (38000)	40.0	20	2.00	2021
2001	Milwaukee Brewers	Miller Park (42500)	41.2	20	2.06	2020

2002	Houston Astros	Minute Maid Park(42000)	170.0	28	6.07	2029
2003	Cincinati Reds	Great America (45000)	75.0	30	2.50	2033
2004	San Diego Padres	Petco Field (42000)	60.0	22	2.73	2025

3．广告和特许经营权

在球场冠名权谈判成功之后，球队将其工作重点转向广告和特许经营赞助商。一个10年期的与Winners Circle的价值为0.15亿美元的赞助合同，需要赞助方支付300万美元预付费。啤酒和饮料赞助商的赞助标准会定的更高。赞助商的预付费需要在1997或1998年付款，即在MLB的2000年赛季开赛的三年前付款。球队与Gap、Old Navy、Chevron、Visa USA、Coca Cola、Anheuser Busch以及其他公司签定了赞助合同。球队探寻创造性方式以从交易中获得更多收入，比如将可口可乐瓶设计为儿童滑梯，由Webvan赞助的座椅，由Old Navy和Chevron创造的独特的外墙设计等等。

球队发现食品和饮料公司更愿意支付较高的预付费以维持一个较低的营运佣金率。对于球队来说这是理想的，因为它需要增加预付款来为球场筹资。球队最终签订了一单为期20年近1200万美元的特许权交易，而且从广告和特许经营权交易中获得近7500万美元的预付款作为球场的建设资金。

4．座位许可特许权

巨人队起初希望通过出售座位许可特许权获得4000万美元。座位许可特许权是一种球迷一次购买球场中某一座位的特许权利，即可拥有球票、座位位置的控制权以及未来座位的所有权。这些座位一般是球场中比较好的位置。巨人队在目睹奥克兰突袭者队的个人座位许可销售的困境后，巨人队更是致力于其座位许可特许权计划的销售。

巨人队在座位许可方面作出了3个主要决策：第一，他们决定仅出售球场总座位数目的1/3；第二，他们将座位许可特许权设计成是长期的和可转让的，并命名为"座位特许权"；第三，他们向购买者承诺在前10年中，季票每年上涨不超过2%。座位许可特许权定价为1500～7500美元之间并且给购买者投资建新球场的机会。球队设定了雄心勃勃的市场推广和销售目标。他们打算从出售13700张座位许可中获得4000万美元，巨人队的最终获得了近7500万美元的收入，这比他们预计的多3000万美元。

5．税收增值融资交易

圣弗朗西斯科重建机构为太平洋贝尔球场提供了1500万美元的资金。这些资金用于道路，基础设施和停车场及体育馆外面的公共人行通道。城市同意出租给巨人队13英亩由圣弗朗西斯科港托管的位于第3大街和国王街的滨水区的一块地皮。该租约期限是66年且按照市场公平的地产价，租金每年近120万美元。它包括球场用地和在球场南面的A停车场。在球队从这块土地上获得收益的同时，自然它也要支付城市停车费税金。城市也同意在球赛之前、期间和之后提供交警和警察执勤。

巨人队的投资财团没有购买PacBell球场周围的土地。在某种程度上，这是由于当时投资财团的工作的重心是为新球场建设筹资而非购买土地，在资金上有所限制。

（三）开放日

球场的实际建设开始于1997年12月11日，经过近两年半的建设，球场在2000年4月11日做好了对外开放的一切准备。最终的建设成本为3.5亿美元，包括融资成本。巨人队有能力私人筹资建设球场并使PacBell球场按计划的时间表完成。新球场超出大多数球迷的预期。与Candlestick球场相比，它对球迷来说简直就是"乐土"。

2000年后私人融资经常在关于新建体育场馆提案的争议中被提起。Peter Magowan称："我们从未说我们的方式对所有的人都是正确的。我们的方式并不对每个人都适用。在那时，我们完全没有选择，我们只是幸运地在经济繁荣期建造了体育馆，我们时机的选择非常好。如果我们现在建体育馆，我不敢确定可以成功。"

（四）俱乐部财务

表2-12（表A—C）显示预期收入，运营收入和1990年到2003年巨人队的市场评估值。这些市场评估值来自商业报刊——《福布斯》（1997年《前进》）和在此之前的《财政世界》。俱乐部视他们的财政状况为机密，鲜于对第三方的估价发表评论。表D显示球员1990年到2004年的总薪水名册。这些数据是《今日美国》利用各队上报的信息整理得来的。巨人队中薪水最高的球员是Barry Bonds。近年来报道的Bonds的年薪分别是1996年（826.6万美元），1998年（891.6万美元），2000年（1070万美元），2002年（1500万美元）。

表2-13　圣弗朗西斯科巨人队：市场预计财务（百万美元）*

表A：收入（由财政世界和福布斯评估）

年（赛季）	巨人队	MLB排名	最高	最低
1990	$50.0	11/26	$98.0(N.Y.Yankees)	$34.0(Seattle Mariners)
1991	48.9	15/26	91.1(N.Y.Mets)	38.3(Milw. Brewers)
1992	47.0	21/26	94.6(N.Y.Yankees)	39.9 (Cleveland Indians)
1993	69.1	10/28	107.6(N.Y.Yankees)	43.0(Pittsburgh Pirates)
1994**	43.1	12/28	71.5(N.Y.Yankees)	25.0(San Diego Padres)
1995	46.4	15/28	93.9(N.Y.Yankees)	24.9(Pittsburgh Pirates)
1996	51.8	17/28	133.3(N.Y.Yankees)	39.9(Pittsburgh Pirates)
1997	69.8	15/28	144.7(N.Y.Yankees)	43.6(Montreal Expos)
1998	73.3	20/30	175.5(N.Y.Yankees)	46.5(Montreal Expos)
1999	71.9	20/30	195.6(N.Y.Yankees)	47.1(Montreal Expos)
2000	138.8	5/30	92.4(N.Y.Yankees)	53.9(Montreal Expos)
2001	142.0	8/30	215.0(N.Y.Yankees)	63.0(Montreal Expos)
2002	159.0	7/30	223.0(N.Y.Yankees)	66.0(Montreal Expos)
2003	153.0	8/30	238.0(N.Y.Yankees)	81.0(Montreal Expos)

表B: 运营收入（由财政世界和福布斯评估）

年赛季）	巨人队	MLB排名	最高	最低
1990	$9.0	12/26	$24.5(N.Y.Yankees)	−$9.80(K.C Royals)
1991	−4.4	21/26	30.4(N.Y.Mets)	−11.4(Milw. Brewers)
1992	−11.1	23/26	25.0(N.Y.Yankees)	−12.8(Milwaukee/Oakland)
1993	−0.7	22/28	28.9(Baltimore Orioles)	−6.3(K.C Royals)
1994**	−10.3	22/28	8.7(N.Y.Yankees)	−17.4(K.C Royals)
1995	−6.0	26/28	38.3(N.Y.Yankees)	−14.0(Cincinnati Reds)
1996	−1.9	18/28	24.0(N.Y.Yankees)	−11.8(Cincinnati Reds)
1997	0.2	16/28	21.4(N.Y.Yankees)	−20.5 (Toronto Blue Jays)
1998	−6.4	20/30	23.0(N.Y.Yankees)	−11.7 (L.A. Dodgers)
1999	−9.0	27/30	17.5(N.Y.Yankees)	−21.1(L.A. Dodgers)
2000	27.4	1/30	27.4(S.F.Giants)	−17.4(L.A. Dodgers)
2001	16.8	3/30	18.7(N.Y.Yankees)	−29.6(L.A. Dodgers)
2002	13.9	3/30	23.3 (Seattle Mariners)	−25.0(L.A. Dodgers)
2003	0.7	11/30	238.0(Seattle Mariners)	−28.5(Texas Rangers)

表C: 市场价值（由财政世界和福布斯评估）

年（赛季）	巨人队	MLB中排名	最高	最低
1990	$105	13/26	$225(N.Y.Yankees)	$71(Seattle Mariners)
1991	99	15/26	200(N.Y. Yankees)	75(Montreal Expos)
1992	103	13/26	1600(N.Y.Yankees)	81(Cleveland Indians)
1993	93	19/28	166(N.Y.Yankees)	75(Montreal Expos)
1994**	102	14/28	185(N.Y.Yankees)	70(Pittsburgh Pirates)
1995	122	13/28	209(N.Y.Yankees)	62(Pittsburgh Pirates)
1996	128	14/28	241(N.Y.Yankees)	71(Pittsburgh Pirates)
1997	188	14/28	362(N.Y.Yankees)	87 (Montreal Expos)
1998	213	15/30	491(N.Y.Yankees)	84 (Montreal Expos)
1999	237	14/30	548(N.Y.Yankees)	89(Montreal Expos)
2000	333	10/30	635(N.Y.Yankees)	92(Montreal Expos)
2001	355	9/30	730(N.Y.Yankees)	108(Montreal Expos)
2002	382	7/30	849 (N.Y.Yankees)	113(Montreal Expos)
2003	368	7/30	832(N.Y.Yankees)	145(Montreal Expos)

表D: 球员薪水总表（《今日美国》报道的俱乐部信息）

年（赛季）	巨人队	MLB排名	最高	最低
1990	$20.942	7/26	$23.873(K.C Royals)	$9.496(Chicago W. Sox)
1991	30.839	6/26	33.632(Oakland A's)	11.546(Huston Astros)
1992	33.126	10/26	44.352(N.Y.Mets)	8.263(Cleveland Indians)
1993	45.747	14/28	45.747(Toronto Blue Jays)	8.829(Colorado Rokies)
1994**	40.747	5/28	44.785(N.Y.Yankees)	13.529(San Diego Padres)
1995	34.931	10/28	49.791(Toronto Blue Jays)	12.031(Montreal Expos)
1996	34.605	13/28	52.189(N.Y.Yankees)	15.410(Montreal Expos)
1997	33.469	19/28	59.148(N.Y.Yankees)	9.071(Pittsburgh Pirates)
1998	40.320	16/30	70.408(Baltimore Orioles)	9.202(Montreal Expos)
1999	46.059	16/30	88.130(N.Y.Yankees)	15.150(Florida Marlins)
2000	53.541	17/30	92.938(N.Y.Yankees)	15.654(Minn. Twins)
2001	63.280	16/30	112.287(N.Y.Yankees)	24.130(Minn. Twins)
2002	78.299	10/30	125.928 (N.Y.Yankees)	34.380(T.B. Devil Rays)

| 2003 | 82.852 | 9/30 | 152.749(N.Y.Yankees) | 19.630(T.B. Devil Rays) |
| 2004 | 82.019 | 10/30 | 184.193(N.Y.Yankees) | 27.528(Milw. Brewers) |

来源：今日美国网站

*这些估价由今日美国网站评估:1992—1996年由《财政世界》评定，1997年由《福布斯》。圣佛朗西斯科巨人队和MLB都没有以通常的出发点公开发布信息。

**罢工使赛季缩短

2001年末，棒球官员透露了俱乐部在国会的听讯。表2-13公布了从这些透露的密闻中获得的巨人队和奥克兰运动家队的信息。奥克兰队是圣弗朗西斯科海湾体育场中的另一支球队，它与巨人队在很多方面存在竞争。

根据福布斯的评估，巨人队新球场的收入从1999年在Candlestick的7190万美元，增加到2000年PacBell的1.388亿美元。表2-13和表2-14中2001年巨人队收入的数字存在差异。福布斯估计2001年巨人队的收入是1.42亿美元，而MLB官员透露的则是1.7亿美元。这些不同反映了获得球队可靠财政信息是高难度的任务。福布斯认为大幅的差异是由于他们估计的是在扣除下面两项之后得来的：（1）近2000万美元与新场馆有关的年贷款利息；（2）上缴近600万美元的"收入分享"，这是MLB为收入较少的俱乐部制定的收入重新分配计划的一部分。

表2-13　MLB官员公布的MLB俱乐部2001年财务信息（百万美元）

	巨人	奥克兰运动家	最高	最低
总运营收入	$170.295	$75.469	$217.807(N.Y.Yankees)	$34.171(Montreal Expos)
总运营开支	151.295	82.582	201.349(N.Y.Yankees)	72.690(Montreal Expos)
运作收入	19.00	−7.113	40.859(N.Y.Yankees)	38.519(Montreal Expos)
2001年收入分享	−6.308	10.520	28.517(Montreal Expos)	−26.540(N.Y.Yankees)
收入分享后收入	12.692	3.407	15.457(Seattle Mariners)	−54.450(L.A. Dodgers)
支付利息后收入	−0.139	−0.532	14.793(Seattle Mariners)	−68.887(L.A. Dodgers)
当地媒体	17.197	9.458	56.750 (N.Y.Yankees)	0.536(Montreal Expos)
其他的地方收入	61.524	13.932	56.211(2nd–Seattle Mariners)	9.770(Montreal Expos)
公民分摊的收入	24.401	24.401	24.401(Equal)	24.401(Equal)
季赛后收入	------	2.686	16000(N.Y.Yankees)	-------
球员薪金	72.185	43.821	118.471(Boston Red Sox)	30.494(Minn. Twins)
其他地方性开支	79.110	38.761	84.222(Seattle Mariners)	35.014(Montreal Expos)

在新球场最初的4个赛季中巨人队比赛的大多数球票都能售空。由于大批的季票基数、稳定人群的球票销售和赛季前销售，巨人队在开放日的首场比赛前已售出超过80%的球票。巨人队采取可变的票价，对周末的比赛的定价高于非周末比赛的票价。

2003年PacBell球场可容纳40800人，低于MLB的46278人平均水平。2003年MLB球场的容纳范围从波士顿红袜队Fenway球场的33950人到纽约扬基体育场的56521人。

巨人队的地方传媒收入主要来自于地方电视台和地方广播台。地方传媒收入的首要来源是海湾区福克斯体育—这个当地的体育区域网络的电视合同。海湾区福克斯体育拥有五支球队：巨人队(MLB)、奥克兰队(MLB)、金山州勇士队(NBA)、山克拉门都国王队(NBA)和圣何塞鲨鱼队(NHL)。虽然合同的细节是机密的，但巨人队是海湾区福克斯体育拥有的五支球队中获得利益最多的球队。表2-14公布的巨人队2001年地方传媒收入是1719.7万美元。

表2-14　巨人队球场内收入类别与MLB平均水平比较

收入类别	巨人队	MLB平均水平
豪华包厢	$65000--$115000	$86713--$171555
俱乐部座位	$ 4500--$7500	$3599--$5638
季票	$729--$2268	$747--$3638
单场球票	$10.00—$70.00	$7.11--$59012

PacBell球场在其他收入方面有了显著的增长，包括特许权、包厢出租和球场广告等。与其他的一些球场相比，巨人队限制包厢的数量，以提高包厢出租的价格。球场收入的另一个主要来源是Double Play 票务网站。这个网站允许季票持有者将他们未曾使用过的球票向公众进行转卖。巨人队运用网上票务系统极大地便利了买方和卖方之间的交易，并能确保球票的真实性。Double Play 票务网站对巨人队的一个突出贡献是不断提高季票持有者的更新率，大部分季票持有人不可能观看全部81场主场比赛。部分未曾使用的季票是许多季票持有人下一年度不购买季票的主要原因。

与非棒球有关的收入包括每年的大学橄榄球赛、演唱会和足球赛。巨人集团的主席Pat Gallagher负责使这项收入成为总收入增长的主要部分。

六、纽约扬基新球场的建设与融资

美国职棒纽约扬基队的主场扬基体育场(Yankee Stadium)诞生于1923年，曾在1974年至1975年进行翻新，同时也是美国棒球史上第一座三层座位的球场，它是目前美国大联盟中历史最悠久的三大的球场之一，仅次于波士顿的芬威球场（1912年）及芝加哥的莱利球场（1914年），它也是美国棒球场中第一个使用Stadium这个字的球场，而目的就是突显它的巨大。该体育馆位于纽约布朗市区，距离热闹的曼哈顿不远，在纽约棒球迷中，具有非常崇高的地位。在2009年新球季它将移往对街耗资13亿美元的新球场。2005年6月15日，扬基球队宣布将建造一座拥有5.33万个座位的新球场，这项工程预计在2009年4月份完工。扬基新球场比老球场的座位少了7000个，但是豪华包厢却多出了50到60个[1]。

工程建造和融资计划都得到了纽约市议会的批准通过。纽约市工业发展局（IDA）已经批准发行免税债券以资助场馆的停车场设施，纽约州的帝国发展公司也对新场馆的停车场设施建设给予捐助。作为批准协议的一部分，纽约市同时也同意为了新场馆和城市的发展，将把一块城市绿地公园替换建造一座通勤火车站，这个项目将由市政府和大纽约交通运输管理局共同资助完成，而火车所经过的其它站点均属于本项目资助范围。同时，一座专门用于培养运动员的高中将在场馆新址对面落成。为了赢得布朗克斯当地居民的支持和认可，纽约扬基队计划向当地信托基金捐助2800万美元，用于当地社区和新场馆周围区域建设。另外，球队还将提供免费门票、周边公园维护、向社区学校捐赠设备等等。在扬基新球场的所有96个建筑包工合同中，大约有三分之一的建筑份额给了纽约市布朗克斯区的建筑公司，合同金额达1.2亿美元。参与建筑的承包商称他们所购买的建筑材料很大一部分来自布朗克斯区，并且雇佣了部分当地居民。

许多当地社区居民对于新场馆项目的交通和环境影响问题十分关注，他们认为这个项目的建成将会使当地的区域交通变得十分繁忙和拥挤，纽约市市长布隆伯格的收取交通拥塞费提议将会使这个问题复杂化。很多人对大量的公共资金用于资助新扬基球场建设也表现出极大的关注。一个名为"拯救我们的公园"的组织在纽约成立，为了反对新扬基球场的建造计划，并且有社区代表在由负责扬基球场计划的市政部门举行的公共听证会上表达了对失去公园以及大量使用公共资金的担忧[2]。由于场馆的

---

[1]　http://www.plannyc.org/index.php　　Bronx Times. Topic：Economic Development. 2005.5.6

[2]　http://www.plannyc.org/index.php　　New York Daily News. Topic：Land Use. 2005.11.16

建造，将损失22英亩的城市公园以及大量居民面临搬迁，为此土地用途小组委员会在2006年3月28日举行了公共听证会，听取了各方意见，市议会对新扬基球场的建造计划在4月5日进行投票决定，如果决议得到通过，那么"拯救我们的公园"组织将会提起公诉[1]。2006年8月4日，该组织向曼哈顿最高法院递交诉讼以阻止新场馆的建造。

由地方长官帕塔基（Pataki）和纽约市长布隆伯格（Bloomberg）共同签署了如果新扬基场馆落成将建造地铁站的计划。如果市政部门批准发行免税债券来建造场馆的话，那么扬基队的巨额开支将得到缓解。但是，1986年通过的税制改革法案禁止利用免税债券建造体育设施，因此融资计划必须由市议会财政委员会（City Council Finance Committee）和美国国内税局（Internal Revenue Service）进行复议。在4月26日，市议会成员对场馆的融资计划进行投票，结果以压倒性多数通过了将发行2亿美元的免税债券以及其他资助措施用于新扬基球场的建造。

尽管新扬基球场停车场的建造计划将由私人公司投资建设，工业发展局在2007年4月份却授予非营利组织社区开发公司(CIDC)1.86亿美元的免税债券。而该公司是否要像协议里规定的那样把停车场收入纳入自己收入或者是部分交还给市政，目前尚不明了。债券将损失城市大概200万美元的税收，而市政方面要花费2100万美元用于停车场建造[2]。实际上，到目前为止，工业发展局一共授权许可了2.18亿美元的免税证券给非营利组织社区开发公司(CIDC)用以建造新扬基球馆的停车场设施。该组织是唯一愿意承担此项目的开发商。免税债券的采用将大大降低建造花费，但是人们更多的关注于财政可行性，因为每年新场馆的赛事只有81场，这将意味着停车场的利用率相对低下，如果这个项目得到批准，那么市政部门将要对其产生的债务负责。

第四节　国外部分大型体育场馆融资方式的实证分析

一、法兰西体育场融资方式分析

法兰西体育场是为筹备1998年世界杯足球赛而修建的，该体育场可容纳8万名观众。于1994开始修建，1997年底竣工。法兰西体育场计划投资20亿法郎（不含

[1]　http://www.newsday.com

[2]　http://www.plannyc.org/index.php　New York Observer. 2007.4.4

税），实际投资26.7亿法郎（含税）。法国政府在法兰西体育场的建设上采用了公私合作的融资方式，由社会机构负责该体育场的融资、建设和运营。经过项目招标，由建设商Bouygues、Dumez和SGE三家公司共同发起设立的法兰西体育场联合体有限责任公司获得了该项目的特许经营权，期限为30年。

在法兰西体育场的资金来源中，法国政府给予该项目12.6亿法郎的财政补贴，分三年六次支付。其他资金由法兰西体育场联合体筹集。根据特许权协议的规定，法兰西体育场联合体应提供10亿法郎的资金。由于该项目的投资期限长、风险大和法国特许基础设施的融资困难，使得巴黎银行不愿意贷款给该项目，并且传统的融资渠道也不适合于该项目。因此，在这种情况下法兰西体育场主要采用的是资产债券化融资和项目融资，并且采用的是有限追索权的项目融资。股东贷款在建设资金的筹集过程中也起到了很重要的作用。

法兰西体育场联合体根据资产债券化融资的需要在泽西（Jersey）成立了SPV（Stade Finance），并由它来发行债券。为了提高投资者和银行对法兰西体育场债券的投资兴趣，法兰西体育场联合体在债券的发行过程中，委托巴黎的一家金融机构（Credit Suisse First Boston，CSFB）具体负责债券的发行工作，该机构将法兰西体育场用以支撑债券发行的信用工具（Credit facility）纳入到欧洲长期债券的发行计划之中，并由美国单线保险公司Financial Guaranty Insurance Company (FGIC)对其进行信用增级，使所发行的债券信用等级高达AAA/Aaa级，从而也简化了债券的发行工作，提高了该债券对投资人的吸引力。

该债券融资额度为7.9亿法郎，利率为5.25％，由FGIC提供承诺支付保险，于1995年7月在巴黎和卢森堡上市发行，在15分钟内被抢购一空。

该债券发行的最直接收益就是CSFB将依靠法兰西体育场预期收入支持发行的债券的收益移交给法兰西联合体，用于偿还股东的贷款及支付相应的建设成本，极大的缓解了法兰西体育场的融资困难。

二、芝加哥军人体育场融资方式分析

芝加哥军人体育场修建于1919年，2000年在政府的资助下，耗资5.87亿美元进行修葺。其中2亿元是由军人体育场的主要使用者芝加哥熊队以贷款形式筹集的，有1亿元来自国家橄榄球大联盟的贷款。余下的3.87亿美元来自以2％的芝加哥旅馆税为支撑的收入债券，但同时，政府也享有军人体育场部分的经营权。此外芝加哥熊队通过预先出售球场的冠名权和个人座位许可（PSL）为军人体育场的修建融取资金。

三、匹兹堡市新建体育场融资方式分析

为了留住Steelers足球队和Pirates棒球队，匹兹堡市政府匹决定修建两座总投资为8.03亿美元的新体育馆。市政府原计划以销售税为支撑发行债券，但遭到了当地居民的拒绝。市政府只好将增加的税收转移到旅游者身上，发行了以RAD和旅馆税收为支撑的债券，通过这两种债券，分别为该市体育场的修建融资1.7亿美元和0.99亿美元。同时，州和联邦政府也给予体育场馆的建设补贴3亿美元。此外，私人部门在场馆建设融资中也发挥了积极的作用，Steelers足球队和Pirates棒球队共同出资0.85亿美元，利用体育场预期的门票收入、停车费收入等为场馆建设融取资金0.33亿美元。匹兹堡投资基金也为体育场的建设投入了0.45亿美元的资金，满足了匹兹堡市的两座体育馆建设对资金的需求。

四、纽卡斯尔主场扩建资产债券化融资分析

纽卡斯尔俱乐部为筹措其主场圣·詹姆士公园球场扩建的贷款资金已酝酿了很长时间，但直到1999年才将其融资计划确定下来。纽卡斯尔俱乐部主场扩建资金采用资产债券化和分期付款等融资方式。由于纽卡斯尔每年的套票供不应求，俱乐部每年一共卖出3.6万张季票中的3.3万张，而剩下的则留给来访的支持者。因此，良好的套票销售情况表明该俱乐部在未来有可预期的稳定现金流，比较适宜运用资产债券化方式融资。故纽卡斯尔委托Schroders公司发行以俱乐部未来套票收入为支撑的长达16年的债券，债券额度为5500万英镑，经穆迪等多家信用评级公司评级，该债券被评为A级，非常适宜投资，吸引了大量的投资者，虽然额度仅有5500万英镑，却吸引了7000多万英镑的认购量。最后该债券全部被6家高级机构投资者所购买，实现了纽卡斯尔俱乐部主场扩建的融资需求。

第五节　国外大型体育场馆投融资经验对我国场馆投融资的启示

国外大型体育场馆投融资的成功做法与经验对我国今后大型体育场馆的投融资具有以下几方面的启示。

第一，目前美国等发达国家大型体育场馆尤其是部分可以满足职业体育需要的经营前景比较好的体育场馆普遍采取公私联合的投融资模式，这也在一定程度上代

表了当今世界上大型体育场馆的主要投融资模式。公私联合的投融资模式不仅能够有效降低和减少政府对大型体育场馆建设的投入，减轻政府财政负担，还有助于吸引民间资本投资于大型体育场馆的建设，而且还有助于大型体育场馆建成后的经营开发，避免场馆建成后的闲置。因此，今后我国大型体育场馆的建设和投资宜借鉴和学习国外成功的做法和经验，在大型体育场馆投融资中采用公私合作模式，吸引民间资本参与场馆的投资，以减轻政府财政负担，使政府将有限的财力用于公益性和群众性体育场馆建设。

第二，国外大型体育场馆在融资中一般采取市场化融资方式，注重市场机制的引入与发挥，有助于缓解和解决大型场馆的赛后运营困难，实现场馆赛后运营的市场化。这就启示我国在今后大型体育场馆的投融资中应注意市场机制的引入，以充分发挥市场机制在场馆资源配置和市场化运营方面的优势。

第三，美国各州政府或市政对大型体育场地的公共投入资金，一般不是由州政府或市政直接投入，而是通过发行各种债券来筹集所需资金，避免使政府陷入严重的财务危机。这给我们提供了一系列政府融资修建大型体育场馆的比较可行的融资方式。启示国内今后在大型体育场馆的建设中对于场馆建设的投入可以采取多种方式进行投入，如财政补贴、贴息贷款、运营补贴、种子资金、附属商业设施开发等，以调动民间机构参与大型体育场馆投融资的积极性。

第四，国外尤其是美国大型体育场馆的建设一般与各职业球队联合，建成后移交给职业球队使用，甚至部分场馆由多个球队共同使用，极大地提高了场馆的使用率，避免了场馆的闲置，实现了场馆收益的最大化。场馆的后期运营与维护也由职业球队负责，减轻了政府的赛后运营负担，值得国内大型体育场馆借鉴。

第五，国外大型体育场馆尤其是各职业球队使用的场馆非常注重对场馆冠名权、特许经营权等无形资产的开发，而且无形资产的开发亦成为场馆重要的融资渠道。这就启示国内场馆在今后投融资和运营中应注意对其无形资产的开发，特别是场馆各种无形资产开发的预付款可以成为场馆重要的融资渠道。国内在无形资产开发融资方面已有长沙新世纪体育中心和南京全民健身中心等部分成功的先例。

最后，国外大型体育场馆之所以能够吸引私人资本的广泛参与，在于其良好的投资回报途径和较高的投资回报率。因此，在我国目前情况下，如何完善体育场馆的投资回报途径，设计合理的投资回报渠道，提高体育场馆的经营状况和投资回报率是我国大型体育场馆投融资改革和吸引民间资本投资的关键。

第三章　大型体育场馆的多元化投融资方式与投融资实证分析

大型体育场馆既是承办大型赛事的基础和前提又是发展体育产业的基础。随着2008年奥运会在我国的举办以及全运会、城运会等大型运动会在各城市的轮流承办和体育产业的快速发展，极大地刺激了大型体育场馆的建设与发展，要求各地有充足的、大量的资金用于大型体育场馆建设，但我国现行以财政拨款为主的大型体育场馆投融资体制，难以提供大量的资金用于修建大型体育场馆。因此，对我国大型体育场馆多元化投融资方式的研究就成为当前理论界和实务界迫切需要研究、解决的问题，具有重大的理论和现实意义。

第一节　大型体育场馆的多元化投融资方式

根据当前国内大型体育场馆的投融资现状和实践，借鉴国外和国内部分场馆投融资的成功经验，目前，我国大型体育场馆可行的投融资方式主要有下面几种。

一、政府财政拨款

建国以来，政府财政拨款一直以来是我国体育场馆建设资金的重要来源，特别是大型体育场馆的建设，政府财政拨款占了绝大比例。虽然近年来，政府财政拨款在体育场馆建设资金中所占的比例有一定的下降，但其在我国体育场馆建设资金来源中的重要地位尚未动摇，而且，在未来其仍然要发挥积极和重要的作用。

（一）政府财政拨款概述

政府财政拨款是指政府为实现一定的产业政策和其他政策目标，通过国家税收、信用等方式筹集资金，由财政统一掌握和管理，并根据国民经济和社会发展规划，以出资人身份将资金投向急需发展的产业部门或企事业单位的一种资金活动。在我国体育场馆特别是大型体育场馆由于具有规模大、建设周期长、投资回报率低及沉没成本较高等特点一直作为公共产品来对待，具有较强的公益性，多由政府投资建设，群众免费或以较低的价格使用，不讲求经济效益。因此，私人部门不愿意投资，体育场馆建设的重任只能由政府来承担。从当前来看，这种方式对我国体育场馆的建设做出了历史性的贡献，但由于历史欠债太多，目前我国体育场馆特别是群众健身场地设施严重不足，该领域又因缺乏良好的投资回报途径而很难吸引民间资本的涉足。而且在我国现行《体育法》中也明确规定：县级以上人民政府应当将体育事业经费、体育基本建设资金列入本级财政预算和基本建设投资计划，并随着国民经济的发展逐步增加对体育事业的投入。因此，在今后相当长时期内政府财政拨款仍是我国体育场馆建设的主要投融资方式。

此外，由于体育场馆具有显著的地域性，其受益范围仅为周边区域，即其受益对象是相对固定的，因此，可以充分发挥政府财政拨款的"种子资金"作用，吸引受益群体的配套资金，加快体育场馆的发展。

（二）政府财政拨款的运作轨迹

政府财政拨款机制的运作轨迹是：中央政府或地方政府根据城市发展规划或举（承）办大型体育赛事或文化活动的需要决定体育场地建设的具体项目，并列入政府财政预算和基本建设投资计划，通过中央或地方预算内支持或预算外支出等财政拨款方式投资，并由行政部门安排设计、施工，所费投资成本由政府财政部门审核批准核销，投资项目所形成的固定资产归国家所有，并提供给社会使用。政府财政拨款投融资方式的明显优势在于一方面资金来源稳定可靠，另一方式是资金用途具有指令性。实践表明这种投融资方式能集中政府财力实现体育场馆在短期内的大规模、快速发展，有助于缓解目前我国体育场馆严重不足的难题。

（三）南京奥体中心融资分析

作为十运会的主赛场和南京市的标志性建筑，占地1500亩的南京奥体中心无疑是十运会场馆建设的重中之重，总造价超过20亿元。设计之初计划尝试投资和经营体制改革，由江苏省、南京市和江苏省国有资产经营有限公司共同投资建设，省财政投入10亿元，南京市无偿提供建设用地，省国资公司的全资子公司——南京奥体中心建设经营管理有限公司负责投入除政府投资以外的项目建设资金和建成以后的经营管理。但在实际运作中，因各方面的原因，结果仍然是政府全额拨款。据相关报道，为建设南京奥体中心，江苏省和南京市财政累计投入财政资金高达25亿元，满足了奥体中心巨额建设资金的需要。

（四）政府财政拨款融资方式在体育场馆建设中存在的问题

长期以来，我国体育场馆建设依靠政府财政拨款为主的投融资方式存在以下几个方面的问题：首先，从财政支出结构来看，除了极少数沿海发达地区政府财力较雄厚以外，由于经济发展水平的限制和机构臃肿问题，许多政府部门，特别是中西部地区，经常性支出比重大，地方财政多为"吃饭财政"，有限的财力被养人、养车吃掉了，缺乏足够的资金用于场馆建设。其次，政府全额投资不仅给财政带来巨大压力，而且必然导致场馆赛后运营出现产权不清、政企不分、管办不分等矛盾，结果是每建成一项社会事业项目，政府就背上一个包袱，进入越建设越赔钱的怪圈。

最后，政府财政拨款建设体育场馆很难考虑成本问题及后期运营问题，而且由于委托代理风险问题，致使场馆后期的运营比较困难。

（五）政府财政拨款投融资需要的政策及改革建议

在今后相当长一段时期内，政府财政拨款在体育场馆建设资金来源中的地位是不可动摇的。为确保财政拨款对体育场馆建设资金的投入，各级地方政府应根据中共中央、国务院《关于进一步加强和改进新时期体育工作的意见》的精神要求及我国体育法的有关规定，重视本地体育场馆建设，把体育场馆建设纳入各地的发展规划，加大对体育场馆建设的投入，将体育场馆建设经费纳入本级财政预算，确保体育场馆建设经费随本级财政收入的增加按比例增加。

针对政府财政拨款建设体育场馆中存在的问题，应从以下几个方面进行改革：

首先，建立地方政府体育场馆建设专项资金，加大财政投入的力度，确保财政资金来源的稳定性和增长性；

其次，政府财政拨款修建体育场馆同样应在规划之初就考虑后期的运营问题，并邀请运营商参与前期的规划、设计，为后期运营做好铺垫；

第三，加强对政府财政资金的使用管理，可以采用每年财政补贴的形式投入，提高资金的使用效率；

最后，政府财政拨款建设的体育场馆应采取各种民营化措施，改善体育场馆的经营状况，减轻政府的财政负担。

二、公私合作伙伴关系方式（PPP模式）

公私合作伙伴关系方式（PPP模式）是20世纪90年代初在英国公共服务领域开始应用的一种政府与私营部门之间的合作方式，是多元化投融资方式中的一种有效形式，也是公共基础设施的一种市场化项目融资模式。近年来，PPP模式在我国基础设施领域和体育场馆建设中得到了一定的应用。目前，我国已有2008年北京奥运会场馆和部分省市体育场馆建设中采用了该方式。

（一）公私合作伙伴关系方式（PPP模式）概述

公私合作伙伴关系方式（PPP模式）是政府与私营部门之间的合作方式。PPP模式包括了两个层面的涵义：广义上是指地方政府官员和企业、志愿者为改善公共服务而进行的一种正式合作；对于中国国情来说，PPP模式应是在完善社会主义市场经济体制框架下，对公共服务领域投融资体制和管理方式上进行的创新。狭义上是指公共部门与私人部门（在实际操作中，也可能是国有企业）共同参与生产和提供物品和服务的制度安排，是一种项目融资方式。

通过PPP模式，政府机构更加主动而灵活地运用私营领域的各种优势，但同时又能保持对各项公共服务在质量和水平上的管理和控制。这种控制权的保持是以在一定标准上建立起来的付费机制为基础的。在典型的PPP模式中，公共服务的提供者不会为购买其资本资产而进行一次性付款，而是建立一个由私营机构投资并运营的、独立的商业实体来进行运作，在合同约定的框架内长期为公众提供高质量的公共服务；只有当所提供的公共服务达到合同规定的标准时，这些私营机构设立的商业实体才能够获得相应的回报。公共部门与私人机构通过合同结成稳定的契约关系。在这个关系中，公共部门通过合同规定了私营机构应提供的服务类型与标准，合同各方在规定时间内都必须完成约定的义务，包括在预算范围内完成服务的项目，因此效率大大提高，项目风险随之降低，有效地控制了过去在政府负责的项目中普遍存在的超工期、超规模、超预算等问题，同时服务质量和服务水平得到有效保证。

PPP是在公益设施民营化的背景下出现的，但它和私有化有着本质的区别。私有化项目的运作完全通过市场，由私营资本主导，政府在其中所起的作用是有限的；而PPP强调的是政府和私营企业的合作关系。公私部门的合作是建立在联合投入资源，共担责任，共担风险，共享利益的基础上，通过合作达到共同的或者一致的目标，即提供更好的公益设施和服务。通过这种合作模式，合作各方可以得到比单独行动更有利的结果。合作各方参与某个项目时，政府并不是把项目的责任全部转移给私人企业，而是由参与合作的各方共同承担责任和融资风险。

根据政府和私营部门在项目中的参与程度、主导地位的差异以及项目性质，PPP又可具体分为建设-经营-移交BOT（Build-operation-transfer）、建设-拥有-经营BOO（Build-own-operation）、建设-移交BT（Build-Transfer）和移交-经营-移交TOT（Transfer-operation-transfer）等不同的方式。

（二）公私合作伙伴关系方式（PPP模式）在体育场馆建设中应用的可行性与特点

首先，PPP模式可以有效实现财政资金和民间资本的融合，充分发挥体育场馆的社会效益和经济效益；其次，体育场馆尤其是大型体育场馆的建设需要巨额资金的投入，在当前政府财力有限的条件下，采用PPP模式建设体育场馆，是比较理想的方式，不仅可以有效缓解政府的财政负担，而且还可以借力于民间资本，提高体育场馆的后期运营水平；第三：PPP模式在我国国家体育场、国家体育馆、北京五棵松文化体育中心、广东佛山"岭南明珠"、天津奥体中心等众多场馆的建设中得到了应用，积累了一定的经验，为其在我国的广泛应用奠定了基础。最后，体育产业作为21世纪的朝阳产业，具有较高的盈利空间和投资回报率，引起了投资者的广泛关注，投资者可以借PPP模式参与体育产业的投资和运营，可在未来分享体育产业飞速发展所带来的巨大商机，以获得丰厚的投资回报。

PPP模式在体育场馆建设领域的应用与其在其他公共服务领域的应用具有一定的差异，主要表现在以下几个方面：第一，在我国目前，对体育场馆等体育服务商品的消费还属于一种发展及享受消费，并不是一种基本的生活消费。而对水、电、煤气等公共服务的消费是一种必须的生活消费。消费特点的不同决定了不同领域PPP模式未来可预期现金流的稳定性的不同。前者的稳定性要明显低于后者。第二，民间资本利用PPP模式参与体育场馆建设的风险要高于其他公共服务领域。但高风险也就蕴涵着高收益的可能性，若民营机构运营成功，则可以获得数倍于其投资的回报。第三，在我国目前体育场馆的赢利性较差是不争的事实。民间资本的投资主要通过体育场馆配套商业设施的经营来获得投资回报，而投资于其他公共服务领域的民间资本主要是通过公共服务设施的经营来获得稳定的投资回报。

（三）公私合作伙伴关系方式（PPP模式）在我国当前体育场馆建设中应用存在的问题

目前，PPP模式在我国体育场馆建设中已得到了一定的应用，在一定程度上促进了我国体育场馆特别是大型体育场馆的建设，但作为新生事物，其在应用中也存在一定的问题，主要表现在以下几个方面：第一，与PPP模式配套的立法不完善。第二，运作不规范。完整的BOT模式是由中标的项目法人负责融资、设计、建设、运营和管理，因此也被称为DBFO（设计、建设、融资、运营）。PPP模式中在体育场馆建设领域的应用，理论上必须是带设计的，因为设计直接关系到未来体育场馆的运营。面对一个设计不合理的场馆，再好的运营商也无回天之术。第三，政府角色亟待转变。第四，金融产品缺乏。

（四）公私合作伙伴关系方式（PPP模式）在我国体育场馆建设中应用的对策

根据PPP模式在我国当前体育场地建设应用中存在的问题及我国的现实，认为应从以下几个方面着手改进。

第一，完善与PPP模式相配套的法律和法规。体育场地进行PPP模式运作，需要在项目设计、融资、运营、管理和维护等各个阶段对政府部门与企业各自承担的责任、义务和风险进行明确界定，以保护双方的权益。因此，PPP项目的运作需要清晰、完善的法律和法规制度予以保障。

第二，放宽政府扶持政策。PPP模式最大的特点是通过给予一定的政策扶持来保证民营资本的收益率，以吸引民营资本的投入。因此，在我国要通过PPP方式来建设经营体育场地，政策扶持是必不可少的条件。若能结合我国体育场馆建设的实际情况，制定相应的诸如税收优惠、财政补贴、部分政府投资的配合以及授予广告、房地产开发特许经营权等扶持政策，必将充分调动民营资本的积极性。

第三，积极推动政府角色转换。PPP模式的实施离不开政府的积极推动，但是政府顺利完成角色转换也是非常重要的。按照完善社会主义市场经济体制的要求，在国家宏观调控下更大程度地发挥市场配置资源的基础性作用，最终建立市场引导投资、企业自主决策、银行独立审贷、融资方式多样、中介服务规范、宏观调控有效的新型投资体制。在这种新思路下政府应由过去在体育场馆建设中的主导角色，转变为与私人企业合作提供体育场馆服务中的监督、指导以及合作者的角色。在这个过程中，政府应对体育场馆建设的投融资体制进行改革，对管理制度进行创新，以便更好地发挥其监督指导以及合作者的角色。政府应通过制定有效的政策及具体措施来促进国内外私人资本参与本辖区内体育场馆的建设投资，形成风险共担、利益共享的政府和商业性资本的合作模式。政府应转变为组织者和促进者的角色，而不再是全部资金的供应者和经营管理者，也不再承担巨大的投资风险和商业风险。

第四，设计合理的风险分担结构。PPP项目融资能否成功的另一主要因素是项目的风险分担是否合理。政府部门在设计风险分担结构时要考虑项目方案的吸引力。合理的风险分担结构是一个项目方案具有吸引力的关键。通常可根据各方获利多少的原则考虑相应风险的承担，使项目参与的各方包括政府部门、民营公司、贷款银行及其它投资人等都能够接受。只有风险分担设计合理的项目方案才具有较强的吸引力，才能使项目具有可操作性。

第五，大力培养体育场馆经营管理人才。PPP项目能否成功的一个关键因素在于体育场馆后期的运营，而场馆后期的运营需要相应的高质量的专门人才。因此，加强体育场馆经营管理人才的培养也是促进PPP模式在体育场馆建设领域应用的一个重要因素。

此外，还应大力发展我国金融市场，并结合体育场馆建设对资金需求的特点及体育场馆预期收益的规律性，开发出灵活多样的适合体育场馆建设融资需求的金融产品。

三、经营城市方式

经营城市的理念在我国提出已有10多年，普遍流行则是近几年的事情。20世纪末，我国大连、青岛等城市，首先引入了这一概念，总结出了具有中国特色的"经营城市"之路。后来，广州、上海、北京等一批大中城市，纷纷把"经营城市"理念作为本地的发展战略。近几年，这一理念在我国普遍流行，成为各地城市化建设的基础理论。

（一）经营城市概述

所谓经营城市，是指城市政府运用市场经济手段，对城市的自然资源、基础设施和人文资源等进行优化整合和市场化营运，以实现资源优化配置和高效使用。它是政府管理职能不可分割的组成部分。经营城市的理论依据，在于城市是有价值的客观存在。城市资源包括有形资产和无形资产，通过市场化营运，把有价值的资本要素进行优化组合，使静止的资产富于活力，能够达到资产增值，促进城市经济社会发展，满足城市居民不断提高的物质和文化生活的需求。经营城市的主体应该是政府或其授权的企业。经营城市的客体是城市资产，它包括城市的土地、河湖等自然生成资产；道路、桥梁及其他城市基础设施等人力作用资产；道路和桥梁冠名权、广告设置使用权等相关延伸资产。土地、城市基础设施等是有形的城市资产，依附于其上的名称、形象等是无形的城市资产。

（二）经营城市在我国体育场馆建设中应用的可行性与运作方式

经营城市作为政府建设公共服务设施的主要方式，在我国公共服务设施的建设中得到了广泛的应用。体育场馆作为现代城市的重要公共设施，在目前政府财政拨款日益萎缩的困境下，利用经营城市方式建设体育场馆不失为一种理想的投融资方式。而且，在我国体育场馆建设中已有成功的先例，为其在我国体育场馆建设中的广泛应用奠定了基础。

首先，体育场馆一般由政府负责修建，在政府财力有限的情况下，其提倡运用市场化方式修建。此时，政府作为建设主体，可以充分利用其所控制的各种待开发的资源进行市场化运作，为体育场馆的建设融取资金。

其次，体育场馆作为一种准公共产品，其供给具有一定的排它性，且受益范围、程度在社会成员之间具有一定的差异性，可以按照有偿服务的原则收取一定的费用。体育场馆使用的收费机制为运用经营城市方式修建体育场馆提供了可能性。

第三，体育场馆的占地面积一般比较大，而且在体育场馆的周边还规划有很多配套设施，这就意味着有较大面积的土地用于建设开发，而土地正是经营城市最重要的资本，通过土地的有偿开发可为体育场馆的建设获取大量的建设资金。

最后，虽然目前我国体育场馆的经营状况普遍较差，但可以通过配套一定的商业设施来增加体育场馆运营商的盈利空间，吸引民间资本参与体育场馆的建设。

综上，当前我国体育场馆成功建设的先例表面已具备运用经营城市方式进行融资建设体育场馆的可行性。

根据我国现有的利用经营城市模式修建的体育场馆的实践及我国部分城市经营城市的经验，经营城市方式在我体育场馆建设中的运作方式主要有两种。一是土地置换方式，该方式主要是将位于城市中心地带的体育场馆的土地以市场价格出售，然后在郊区另行征地，并用土地出让金来修建体育场馆。如江西宜春市在筹办全国农运会时，投资3000万元的游泳馆，其建设资金就是通过该市原体育中心的旧资产置换而来的。二是体育场馆配套设施、商业用地的开发方式。即将体育场馆的配套设施或商业用地通过出让、出租等多种形式进行商业开发，以获得体育场馆的建设资金。

四、债务融资

债务融资是当前我国公共服务建设资金的又一重要来源，对我国公共服务设施的建设发挥了积极作用。我国体育建设资金在政府财政拨款不足的情况下，很大程度上都来源于政府的债务融资。因此，债务融资也是当前我国体育场馆建设资金的一个重要融资方式。

（一）债务融资概述

所谓债务融资是指通过增加企业或借款人的负债来获取资金，如向银行贷款、发行债券等。通过这种方式筹集到的资金必须到期偿还，并且要支付利息。债务融资的成本一般较低，但其有一个缺点就是风险太大，而且必须到期偿还本息。

（二）债务融资在我国体育场馆建设中应用的必要性及实现方式

在我国现行体育场馆投融资体制下，体育场馆的建设资金多由地方政府支出，但在某些特殊时期，由于政府财力有限，一时无法支付巨额建设资金，民间资本又不愿涉足，而又必须修建体育场馆时，只能采用债务融资方式修建，可以有效解决政府在建设体育场馆高峰期资金不足的困难，在较短的时间内筹集到场馆建设所必须的资金。如在湖南省筹备城运会时，由湖南省政府负责修建的射击馆、举重馆等都是通过银行贷款筹资建设的。而且，在部分由民间资本修建的体育场馆中，在建设资金不足的情况下，也多通过债务融资获得必要建设资金。此外，由于我国资本市场不发达，多以传统融资方式为主，上市融资、债券融资、资产债券化等融资方式在我国难以得到广泛应用，符合体育场馆建设资金需求特点的金融产品缺乏，因此，在体育场馆建设资金不足时唯一的选择只能是债务融资。

目前，债务融资在我国体育场馆建设中应用的的主要实现方式有两种。一是商业银行贷款，在我国主要是四大国有银行及地方商业银行。商业贷款的形式有抵押贷款、质押贷款和保障贷款等形式。二是政策银行贷款，在我国主要是国家开发银行。由地方政府申请，国家批准给予一定的贷款额度。政策性银行贷款的主要有以下几个方面的特征：（1）以国家产业及经济发展计划为导向，主要为具有提供"公共产品"特征的基础产业部门提供贷款。（2）政策性金融机制是对市场机制的补充。政策性银行贷款的投放领域主要是社会资金不愿或无力涉足但又亟待发展的领域。（3）政策性贷款利率低于市场贷款利率，贷款期限长，贷款投向以实际资本形成为目的的5年期以上的长期项目。（4）政策性贷款有偿使用，到期必须还本付息。

其他领域常用的发行国债或市政债券和国外银团贷款等债务融资方式在体育场馆建设领域尚未得到应用。但在各地的实践中出现了一种变通的市政债券，称之为准市政债券。准市政债券是指那些由和地方政府有密切关系的企业发行，所募资金用于城市或地方基础设施建设等用途的债券，其偿付资金主要来自于投资项目产生的收益。准市政债券实际上是借企业债券的"壳"，实现了为地方政府筹集基础设施建设资金的目的。准市政债券通常由地方政府或地方政府通过下属相关公司提供担保，融资成本低于一般的企业债券，但高于国债。它的发行大多是在各级地方财政吃紧，基础设施建设资金非常短缺，而《中华人民共和国预算法》又禁止地方政府直接发行市政债券的情况下所采取的一种变通措施。

（三）债务融资在我国体育场馆建设中应用存在的问题及制约因素

第一，体育场馆建设过多依赖债务融资，既造成政府部门负债增加，又对民间资本产生"挤出"效应，不利于体育场馆建设多元化融资格局的形成，而且不利于体育场馆后期的运营。

第二，债务融资的还款来源不稳定。目前，体育场馆债务融资的还款来源主要有两种。一是体育场馆自身的经营收入，在目前我国体育场馆经营状况普遍不理想的情况下，该来源极为不稳定，依靠自身经营收入无法偿还贷款本息。二是地方政府财政预算内外统筹还款资金，必须由政府代为偿还。因此，大部分体育场馆的还款人实质上是各级财政。而财政偿债受人为因素影响较大，存在一定的信用风险。一方面，城市基础设施项目贷款期限较长，一般在10年左右，超过了一届政府的任期，通常是本届政府举债，下届政府还钱，当政府换届时，容易发生"新官不理旧帐"的情况；另一方面，由于地方政府还款资金的来源渠道不稳定，缺乏法定的保障机制，特别是对一些负担沉重的"吃饭"财政，能否按时足额偿还贷款本息在很大程度上取决于主要领导的信用观念和协调力度，存在较大的不确定性。

第三，体育场馆缺乏可供抵押的资产，在非政府干预下很难获得银行贷款。由于体育场馆的专有性及特殊性，沉淀成本较高，很难符合银行抵押的条件，在没有抵押的情况下，商业银行一般不会放贷，只有在政府部门的干预下，才能获得银行的贷款。

第四，与债务融资相关的金融产品缺乏。目前在体育建场馆设中可应用的债务性融资的金融产品缺乏，国外在体育场馆建设中经常运用的市政债券、收益债券、普通责任债券等金融产品在我国尚未上市，制约了体育场馆建设融资方式的多元化。

（四）债务融资在我国体育场馆建设中应用的建议

第一，开发多种金融产品，满足体育场馆建设的融资需求。根据我国资本市场的发展情况，结合体育场馆建设对资金的需求规律，开发适合场馆建设的多样化的金融产品。如市政债券、收益债券和普通责任债券等金融产品。

第二，科学设计，兼顾赛后，多元运营，拓宽收入渠道，确保稳定还款。在体育场馆的建设前期，应科学设计体育场馆的功能和结构，充分考虑赛后的经营需要，采取多元化的经营方式，以体为主，进行多业经营，拓宽体育场馆的经营收入渠道，提高经营收入，实现体育场馆预期经营收入的稳定性，确保体育场馆具有稳定的可预期的还款来源。

第三，积极争取政策性银行贷款。债务融资作为当前我国体育场馆建设的一个重要融资方式，在体育场馆建设资金来源中占有举足轻重的地位。如能争取到政策性银行贷款，可为体育场馆建设提供巨额、长期、低息贷款，将对体育场馆的建设具有重要意义。而且，体育场馆建设也符合政策性银行贷款的条件。因此，地方政府部门应在进行体育场馆建设时积极争取国家的政策性银行贷款。

五、商业信用融资

商业信用的使用具有悠久的历史，经过数百年的发展，如今商业信用已成为一种被广泛应用的短期融资形式，日益引起人们的重视。卖方通过提供商业信用形成债权，这种债权可视为企业的一种短期投资，企业通过这种短期投资，可以吸引更多的客户，扩大销售量，从而增加效益。买方通过接受商业信用形成负债，这种负债可视为企业的一种短期融资，企业通过这种短期融资，可以解决暂时的资金困难，降低资金的使用费用，从而增加效益。

（一）商业信用融资概述

所谓商业信用是指商业交易中的延期付款或延期交货所形成的借贷关系。它是在商业交易中由于钱和货在时间和空间上的分离而产生的，是一种自发性的资金来源。而且，商业信用与商业交易同时进行，无需办理特定的融资手续，即可获得，还可以持续利用。商业信用与银行贷款相比，限制条件少、选择的余地比较大，在还款期限内未能还款，还可以通过与交易相对人的协商，请求延长还款时限，而银行贷款就很难做到这一点。此外，商业信用融资属于一种自然性融资，在没有现金折扣或不放弃现金折扣的情况下，利用商业信用融资是没有实际成本的。

（二）商业信用融资在我国体育场馆建设中应用的可行性及实现方式

商业信用融资方式在我国体育场馆建设中应用的可行性主要表现在两个方面：一是在我国体育场馆建设和运营中存在着大量的先付款、后消费的现实情况，即钱和货在时间上产生了分离，为体育场馆利用商业信用融资提供了可能性。二是我国现有体育场馆建设中，已有运营商业信用融资的成功的案例，为商业信用融资在体育场馆建设融资领域推广应用奠定了基础。

结合我国已有的商业信用融资案例，借鉴国外的成功经验，商业信用融资方式在我国体育场馆建设中应用的实现方式主要有以下几种。

1．预付账款

所谓预付账款是交易双方按照合同约定，卖方在交付商品或服务之前向买方预先收取的部分或全部价款的信用形式，如转让预期经营权，即在体育场馆为建成以前，将其预期的经营权出售，从而获得相应的建设资金，或场馆冠名权费用的预先支付等。预付账款的主要形式除转让预期经营权、场馆冠名权费用的预先支付外，还有预先出售场馆座位许可或会员卡以及特许经营权的预付款等形式。

2．应付账款

所谓应付账款是企业在购买货物时因暂时未付款而对卖方的欠款，即卖方允许买方在购货一定期限内支付货款的一种信用形式，是最典型、最常见的商业信用形式。如场馆建设中空调设备的应付账款等。

3．分期付款

所谓分期付款就是卖方一次性将标的物交付给买方，买方则按照合同的规定，将应付总价款在一定期限内分次支付给卖方。分期付款作为现代工商业发展的产物，可以有效缓解买方的实际购买能力和购买欲望之间的矛盾，拉动有效需求，促进市场的繁荣和发展。在场馆建设中对于一些大型设备的购置可采用分期付款的方式购买。

4．融资租赁

所谓融资租赁就是由租赁公司按承租者要求出资购买设备，在较长的合同期内提供给承租者使用的信用业务。融资租赁是融资与融物相结合的、带有商品销售性质的借贷活动，是企业筹集资金的一种新方式。在场馆建设中，融资租赁主要用于大型设备的购置。

（三）南京全民健身中心及悉尼体育场运用商业信用融资分析

1．南京全民健身中心融资分析

南京市全民健身中心是十运会配套场馆建设的重点项目，也是十运会群体先代会重点参观项目，占地面积1.35万平方米，总建筑面积为7万平方米，总投资2.5亿多元。其中南京市财政局明确三年提供6000万元，2004年的2000万元资金已经到位，体育彩票公益金投入6000万，剩余资金将采用市场化方式运作。南京市体育局通过招商，将全民健身中心的预期经营权转让给香港艺高公司和江苏兴业集团，二者先期支付全民健身中心三年的特许经营费共7000多万元，有效缓解了全民健身中心建设资金不足的困难。

2．悉尼奥运会主体育场利用商业信用融资分析

悉尼奥运会主体育场的建设资金主要由中标人——澳大利亚体育场公司负责筹措。中标人除投入股本金、向商业银行贷款外，还通过出售预期会员卡和座位许可等商业信用方式融资。其运作的主要思路是公开发行3.44万个"黄金会员"座席，单价1万澳元，黄金会员保证可以购买到每场比赛的门票，有专门的休息室。发行"白金会员"席位600个，单价3.4万澳元，白金会员资格有效期为32年，有固定的包厢，白金会员还可以得到今后主体育场举办的体育赛事的免费票2张（奥运会、世界杯足球赛等顶级赛事除外）。这些黄金和白金会员均可以参加2000年奥运会开、闭幕式，扣除各种支出后，实际筹集建设资金2.994亿澳元，占总投资的近一半。

（四）商业信用融资在我国体育场馆建设中应用存在的问题及制约因素

目前，由于我国整体商业信用欠佳，致使商业信用融资在我国体育场馆建设中未能得到广泛应用，在已有的运用商业信用融资的案例中主要存在以下几个方面的问题。

第一，商业信用意识差，信用观念淡薄。在体育场馆建设中，相关机构对商业信用认识不够，缺乏相应的商业信用意识，在项目公司内部也未建立相应的信用管理制度。体育场馆在建设过程中未充分利用各种商业信用机会进行融通资金，甚至在个别情况下，还存在恶意拖欠账款、随意失信等严重损害自身商业信用的行为，严重降低了体育场馆项目公司自身的商业信用等级，加大了其利用商业信用融资的难度和成本。

第二，商业信用缺乏规范发展的环境，尤其是商业信用危机突出，很多企业因对商业信用的不信任，宁愿放弃订单和客户，也不肯采取各种信用结算方式，依旧看重现金交易、以货易货等原始的交易方式，阻碍了体育场馆运用商业信用进行融资。

第三，相关法律、法规不完善。我国现行的相关法规对商业信用中债务人履行契约清偿债务的约束性规定缺乏足够的力度，对故意甚至恶意拖欠货款也缺乏严惩的规定。因相关法规的不健全，有些地方政府、银行、执法部门出于局部利益的考虑还偏袒、保护当地的拖欠企业，使得一些企业得以长期、大额拖欠货款。

（五）商业信用融资在我国体育场馆建设中应用的发展建议

第一，强化体育场馆建设项目公司的商业信用意识。一方面通过各种媒体的大力宣传，使场馆建设项目公司牢固树立商业信用意识，加强自身的商业信用建设，

并积极运用各种商业信用手段进行融资；另一方面通过制度的完善，要使体育场馆建设项目公司真正认识到：市场经济是信用经济，信用是企业生存和发展的前提，是企业的重要资源，缺失信用的企业终将走投无路，为其利用商业信用融资打下基础。

第二，加强对商业信用融资问题的研究，针对体育场馆的特点，开发出多种不同搭配的金融产品，满足体育场馆建设对资金的需要。

第三，大力加强商业信用体系建设。商业信用体系包括信用服务体系和信用监管体系，商业信用的进一步发展需要信用服务和信用监管的支持。因此，应大力加强商业信用体系建设，确保商业信用交易的安全、可靠，为体育场馆利用商业信用融资提供规范的交易环境。

第四，完善相关法律、法规，严格执法力度，使扰乱商业信用正常发展的失信者、故意拖欠货款者之类受到严厉惩罚。对于地方保护主义，也应该依据相关法律、法规，严格执法。

六、资产债券化融资

作为一种新兴的金融技术，资产债券化源起于美国。近些年来因其独特的魅力而得以迅速发展，成为当代一些发达国家金融发展的一大趋势。在美国和欧洲一些资产债券化比较发达的国家，这一金融技术已被许多职业体育俱乐部运用并获得成功，有效地解决了其体育场馆建设资金不足的问题。虽然资产债券化在我国还处于起步阶段，但已有珠海公路交通收费资产债券化融资、恒源电厂电费收入支持债券化融资以及中集集团贸易应收款债券化融资等成功的案例。然而，对于我国体育场馆建设来讲，资产债券化融资还是一个比较陌生的概念。

（一）资产债券化融资概述

资产债券化是指债券化机构将可以在未来产生稳定的可预见收入流的资产，按照某种共同特质汇集成一个组合，并通过一定的技术把这个组合转换为可在资本市场上流通的具有固定收入的债券。从该概念我们可以看出，运用资产债券化融资最重要的是原始权益人具有可以产生预期现金流入的资产。国外职业体育俱乐部之所以能够运用资产债券化融资进行场馆建设，就在于他们的门票、电视转播权、豪华包厢等经营收入来源比较稳定，能在未来产生稳定的可预期现金流。国外职业体育俱乐部运用资产债券化进行场馆建设融资，主要是各俱乐部以其未来的门票、电视转播、豪华包厢、赞助等收入来源中的一项或几项预期收入为依托，组成一个资产池，并将其出售给一个特设机构，该机构再发行由资产池支持的债券，并将发行收入返还给职业体育俱乐部，从而实现其场馆建设融资的过程或技术。

（二）资产债券化融资在我国体育场馆建设中应用的可行性及运作流程

债券化标的资产的特性是缺乏流动性或流动性较差，但是能够产生稳定可预期的现金流。从我国体育场馆尤其是大型体育场馆的建设及运营来看，多为缺乏流动性的资产，但是一旦投入运营却可以有稳定的可预期的收入，符合应用资产债券化融资的要求。

首先，体育场馆尤其是大型体育场馆，政府每年都有大量的财政拨款用于补贴场馆的运营。此外，还有体彩的公益金投入。我国体育彩票公益金的四项用途中，其中一条就是用于大型体育场馆的兴建和修缮。而且，体育彩票的公益金也可以采用逐年支出的形式，从这一点上来，体育场馆预期收益资产债券化是可行的。同时在我国，以政府财政支付和彩票公益金投入作为担保的信用是高级别的，而且还有法律提供保障。《中华人民共和国体育法》规定，县级以上各级人民政府要将体育事业经费、体育基本建设资金列入同级财政预算和基本建设投资计划，并随着财政收入的增加,逐步增加对体育事业的投入。这就从法律上为在体育场馆领域实施资产债券化提供了有力的保障。

其次，我国体育场馆配套设施的经营有较为稳定的可预期收入。我国体育场馆自身经营状况虽然不理想，但其配套设施的经营却有稳定的收入来源。可以将体育场馆配套设施的预期经营收入与政府财政一起作为债券化的资产。

第三，资产债券化融资作为目前国外体育场馆建设的主要融资方式，国外在这方面的理论已比较成熟，而且积累了相当丰富的实践经验；同时，许多经常运作国外场馆建设资产债券化融资的金融机构已在我国设立了办事机构。这将为我国体育场馆建设应用资产债券化融资提供相应的理论支持和经验借鉴。

最后，近几年来，我国居民储蓄存款居高不下，存量资产高达10万多亿元人民币，而且这一现象仍有继续之势，但由于缺乏较好的投资项目，这些资产一直处于闲置状态，虽然国家多次下调利率，并对利息征税，但并未将存款转化为投资。资产债券作为一种新兴的金融衍生工具，相对于股票而言其风险较低、收益较高的特点正符合了我国民众的投资心理，若能宣传到位、操作得当，将能吸引众多私人投资者的目光。因此，我国高额的闲置资金储备及民众的投资心理将为体育场馆建设资产债券的成功发行提供潜在条件。

资产债券化融资在我国体育场馆建设中应用的运作流程主要是选择债券化的资产并剥离，组成资产池并出售，资产池确定后，设立一个特设机构（ＳＰＶ）作为债券化的载体，可以是一个投资公司、投资信托机构或其它类型的公司进行托管，然后委托相关的金融机构进行信用升级、证券评级、推向市场，由投资者购买，实现资金的融通。最后是现金流管理服务与清算。资产证券化后，SPV即使用被债券化资产所产生的现金流来支付投资者的收益。

（三）纽卡斯尔主场扩建资产债券化融资分析

纽卡斯尔俱乐部为筹措其主场圣·詹姆士公园球场扩建的贷款资金已酝酿了很长时间，但直到1999年才将其融资计划确定下来。纽卡斯尔俱乐部主场扩建资金采用资产债券化和分期付款等融资方式。由于纽卡斯尔每年的套票供不应求，俱乐部每年可以卖出3.6万张季票中的3.3万张，而剩下的则留给来访的支持者。因此，良好的套票销售情况表明该俱乐部在未来有可预期的稳定现金流，比较适宜运用资产债券化方式融资。故纽卡斯尔委托Schroders公司发行以俱乐部未来套票收入为支撑的长达16年的债券，债券额度为5500万英镑，经穆迪等多家信用评级公司评级，该债券被评为A级，非常适宜投资，吸引了大量的投资者，虽然额度仅有5500万英镑，却吸引了7000多万英镑的认购量。最后该债券全部被六家高级机构投资者所购买，实现了纽卡斯尔俱乐部主场扩建的融资需求。

（四）资产债券化融资在我国体育场馆建设中应用的制约因素

从宏观上来看，目前我国运用资产债券化融资还处于探索阶段，资产债券化的运作在我国体育场馆建设领域还存在许多方面的障碍。

第一，相关法律、法规制度不健全。资产债券化是一项系统工程，需要金融、证券、会计、资产评估等多方面的参与和协作，这就要有相关的法律、法规来约束各经济主体的行为，协调各部门的工作。但是，我国由于历史的原因，《抵押法》《破产法》《信托法》《会计法》《证券法》及税收制度都没有有关资产证券化方面的规定。在这种局面下，势必会造成各个经济主体出于自身利益进行不规范运作。

第二，资产债券化所需的相关机构不健全，尤其是相关信用机构不多，规模小，市场信誉低，信用评级制度不完善，这将严重制约资产债券化的运作。

第三，体育场馆预期现金流不稳定。虽然目前我国体育场馆已具备资产债券化融资的条件，但以我国体育场馆的预期收入和政府财政补贴组成的资产池质量不高、未来现金流不稳定是制约当前俱乐部应用资产债券化融资的重要因素。

（五）资产债券化融资在我国体育场馆建设中应用的发展建议

首先，完善资产债券化运作所需要的配套立法。根据我国资本市场发展的实际，加快与资产债券化相关的立法进程，完善与之相配套的法律、法规。促使有关主管部门出台资产债券化的相关管理规定，完善资产债券化融资的监管体制，为广泛运用资产债券化融资扫除障碍。

其次，提高体育场馆建设资金中财政投入的比重。政府部门应严格按照体育法的有关规定，将体育场馆的建设资金列入本级财政预算，提高政府财政拨款的投入，确保未来体育场馆建设资金来源的稳定性。

第三，加大对体育场馆中具有预期现金流部分资产的经营。体育场馆建设部门应积极运用商业信用融资方式，加大对体育场馆中具有预期现金流部分资产的经营，如冠名权、预期经营权等资产的经营，为体育场馆建设提供稳定的可预期的现金流。

第四，以部分场馆建设为突破口，尝试资产债券化融资。目前，我国正值进行大型场馆建设的高峰期，对资金的需求极为迫切。而且，大型体育场馆的预期现金流比较稳定，可以部分场馆资产债券化融资为突破口，进行场馆预期收入的债券化运作，为今后我国体育场馆建设领域广泛应用资产债券化融资积累经验。

七、无形资产融资

（一）无形资产融资概述

所谓无形资产主要是指不具有实物形态，但是可以持续地为所有者和经营者带来经济效益的资产。无形资产一般包括专利权、著作权、商标权、土地使用权、非专利技术和商誉等。无形资产融资也就是利用这些无形资产为企业融取资金。

（二）无形资产融资在我国体育场馆建设中应用的可行性及运作方式

首先，我国体育场馆领域拥有大量的无形资产，而且人们也逐步意识到体育场馆无形资产所蕴涵的巨大商业价值，这为我们利用无形资产融资建设体育场馆提供了可能性。

其次，随着我国经济的快速发展，人们生活水平的提高和闲暇时间的增多，参与全民健身运动成为人们欢度余暇的重要生活方式，极大地促进了健身娱乐市场的发展，部分投资者意识到其中的商机纷纷投资于健身娱乐行业，而体育场馆正是该行业发展的物质基础。因此，体育场馆的建设尤其是体育场馆的预期经营权吸引了大量投资者的投资。

最后，不论是国内还是国外，都有大量利用体育场馆无形资产融资的成功案例，为我国利用无形资产融资建设体育场馆积累了丰富的经验。

1. 冠名权融资

即把待建场馆的冠名权出售给其他企业，以获得场馆建设的资金。在国外很多体育场馆的冠名权都卖给了知名的企业，如休斯顿火箭队主场的丰田中心、国内南京步步高电器体育馆等。也可以允许企业修建以其名称命名的全民健身路径，而且，我国现有数万条全民健身路径，若能将其冠名权有偿出售，则可为全民健身路径的修建融取大量资金。

2. 特许经营权有偿转让

即按照体育场馆所有权与经营权相分离的原则，有偿出让体育场馆的经营权。既可以减轻政府的财政负担，又可为场馆建设融取大笔资金，从而盘活体育场馆领域的大量存量资产，实现体育场馆建设的可持续发展。

3. 广告发布权出让

即充分利用体育场馆内部及周边地区的空间资源设置部分广告牌，用于企业的宣传，并将这些广告发布权进行有偿转让。如五台山体育中心的羽毛球馆和网球馆及体育中心内部都安放了许多体育用品企业的广告。

（三）国外运用无形资产为体育场馆建设融资的分析

在国外修建的众多体育场馆中，有相当大一部分是利用场馆的无形资产融资的。如美国修建的美国西运动场、夏洛特、库尔斯体育场和阿林顿棒球场等场馆中都利用冠名权来为体育场馆建设融资。利用体育场馆的冠名权、广告权、特许经营权等无形资产为其建设融资，已成为当前国外体育场馆融资的一个重要渠道。

（四）无形资产融资在我国体育场馆建设中应用的制约因素

第一，对体育场馆的无形资产重视不够。我国部分体育场馆管理部门对体育场馆的无形资产缺乏足够的认识，只重视有形资产的管理与运营，而忽视无形资产的管理与运营，致使体育场馆领域大量无形资产、资源被浪费或流失。

第二，社会对体育场馆无形资产缺乏认识。在国外企业对体育场馆进行冠名是非常普遍的事情，但在我国广大群众暂时还难以接收。如江苏五台山体育中心在有偿出让其冠名权时因遭到南京部分市民的强烈反对而未能如愿。

第三，缺乏相应扶持政策。在我国体育场馆领域冠名权、广告发布权的有偿出让，应被理解为企业的一种公益行为或体育赞助行为，但在多数情况下体育场馆的冠名权、广告发布权出让行为被理解为一种广告行为，企业相应的支出也被计为广告支出，不享受任何的减免税收政策，抑止了企业在体育场馆冠名权、广告发布权等方面的支出。

最后，大型体育场馆的大型活动较少。人流量较小和受众单一也是目前制约我国大型体育场馆无形资产融资的一个重要因素。目前，国内大型体育场馆闲置现象比较严重，每年举行的大型活动次数和人流量屈指可数，而且由于大型体育场馆的经营内容单一，潜在顾客群体比较单一，这在很大程度上限制了大型体育场馆的无形资产开发与融资。

（五）无形资产融资在我国体育场馆建设中应用的发展建议

第一，强化体育场馆管理部门无形资产运营意识。充分利用各种宣传渠道和培训机会，加强对体育场馆管理人员的培训，强化其体育场馆无形资产运营和管理意识，提高其对体育场馆无形资产的管理和运营水平，为我国体育场馆建设运用无形资产融资扫除障碍。

第二，积极组织和承办各种大型活动，提高大型体育场馆的使用率通过各种活动，聚集人气，提高场馆的人流量，拓展大型体育场馆经营范围，丰富场馆经营内容，扩大潜在消费者群体范围，改善场馆的经营状况，同时也为场馆的无形资产开发与融资奠定基础。

第三，出台相应扶持政策。在目前情况下，企业出资购买体育场馆的冠名权和广告发布权等在很大程度上具有一定的慈善意义，可为我国体育场馆的建设筹集巨额资金，加速我国体育场地，特别是全民健身设施的发展。因此，国家应出台相应的税收优惠政策予以鼓励，如对于企业的相应支出可以减半或在一定范围内冲减税款，以提高企业赞助体育场馆的积极性。

八、捐　赠

捐赠是指企业或个人以出于慈善动机，以增进社会福利、提高公共利益为目的，以金钱、技术或劳务来对他人表达善意或奉献社会的一种行为。捐赠作为一种社会公益行为，在我国体育场馆建设发展过程中发挥了积极的作用。

（一）捐赠对我国现有体育场馆建设的贡献

捐赠作为我国体育场馆建设资金的来源渠道之一，对我国体育场馆的建设做出了积极的贡献。根据第五次体育场地普查结果显示，在我国历年累计投入体育场馆建设资金1906.7亿元中，社会捐赠历年累计达41.5亿元。我国很多大型体育场馆如北京奥体中心英东游泳馆、武汉英东跳水馆、华中师大佑铭体育馆等在建设过程中都得到了爱国华侨的捐赠。而且在北京奥运场馆建设中，"水立方"的建设资金也全部来源于海外华侨的捐赠。

（二）捐赠在我国体育场馆建设中应用应注意的问题

捐赠作为我国体育场馆建设资金的来源渠道之一，但不能作为主要的渠道，毕竟捐赠的资金数额有限，而且，目前国内民众及企业捐赠的意识较弱，现有的捐赠多来源于海外的华人、华侨。因此，在今后体育场馆建设中不宜将捐赠作为场馆建设资金的主要来源渠道，但可就场馆建设的资金问题与实业家、慈善机构或有捐赠经历的慈善家主动联系，争取他们的捐赠。在了解到有关捐赠信息时应主动争取，但不能强求，更不能摊派。

九、其他融资方式

（一）体育彩票公益金

体育彩票公益金是通过体育彩票的发行而提取的用于发展体育事业的资金，具有4项用途：落实奥运争光计划，实施全民健身计划，用于大型综合运动会的资金补助，用于体育大型体育场馆的兴建和修缮。因此，体育彩票公益金是我国体育场馆建设资金的又一重要来源。根据第五次体育场地普查结果显示，体育彩票公益金历年累计投入体育场地建设资金达24.8亿元。而且，在我国现有的全部全民健身路径的建设资金来源中都有体育彩票公益金的投入，为我国全民健身设施的建设发展做出了突出的贡献。甚至在部分地市，由于地方财政严重不足，体育彩票公益金已成为当地体育场馆建设的唯一资金来源。此外，体育彩票公益金还具有"种子资金"的作用，带动地方政府和有关部门的配套资金投入，极大地缓解了我国体育场馆建设资金不足的困难。虽然体育彩票公益金为我国体育场馆建设提供了大量的资金，但需要注意的是，近年来部分省市体育彩票的销售量有下降的趋势，提取的公益金数额也随之有一定比例的下降。

（二）资金信托

资金信托是指委托人基于对信托投资公司的信任，将自己合法拥有的资金委托给信托投资公司，由信托投资公司按委托人的意愿以自己的名义，为受益人的利益或者特定目的管理、运用和处分的行为。通过信托投资公司发行资金信托计划，筹集资金用于体育场馆建设，无疑是一种很好的选择。

自2002年7月18日中国人民银行颁布实施《信托投资公司资金信托管理暂行办法》以来，信托公司先后推出了各具特色的信托资金计划，如爱建信托上海外环隧道信托计划、北国投北京CBD信托计划、外经贸信中远房地产贷款信托计划等等。这些成功案例为体育场馆建设融资提供了很好经验借鉴。

目前通过资金信托筹集体育馆建设资金的一个较大障碍是《信托投资公司资金信托管理暂行办法》第六条规定："信托投资公司集合管理、运用、处分信托资金时，接受委托人的资金信托合同不得超过200份（含200份），每份合同金额不得低于人民币5万元（含5万元）。"例如，某一投资额5亿的体育场馆通过资金信托来融资，以200份为限，那么每份资金信托合同的金额平均则高达250万，这无疑大大减少了资金信托计划的需求。

在这种情况下，有两种选择。一是精选出真正的好项目，这样就能找到大型的机构购买信托资金计划，即使在200份的限制下，也能融到足够的资金；二是向人民银行申请豁免，即在体育场馆特别是奥运场馆建设融资上"特事特办"，信托合同突破200份的限制。毕竟，目前信托业意见最大的一点也是在"200份"限制这一点上。

（三）产业投资基金

产业投资基金，又称直接投资基金，是指以企业的非上市股权为主要投资对象的基金，按照投资阶段与领域的不同，产业投资基金具体可以分为风险投资基金、企业重组投资基金和基础设施投资基金。其中，基础设施投资基金是指主要投资于交通、公用事业、邮电通讯、能源等基础设施领域的未上市企业的一种产业投资基金。我国的基金业以产业投资基金起步，期间经过发展、治理、整顿等，目前上市的产业投资基金处于空白状态。有学者建议，由于奥运投资的特殊性和对经济的巨大促进作用，尝试建立奥运产业投资基金，投资于奥运场馆建设，并依次作为重新发展产业投资基金的试点，推动产业投资基金在中国的重新起步与发展。

第二节　大型体育场馆不同投融资方式的比较分析

PPP、BOT、TOT、ABS作为目前国际上四种比较常见的项目融资方式各有其优缺点，它们的应用条件有别、适应环境各异，而且政府在其中所起的作用、承担的风险和代价也不同，表3-1对上述四种融资方式的特点和适用性进行了简要的比较分析。

表3-1　大型体育场馆主要融资模式的比较分析[1]

筹资模式 比较对象	PPP（狭义）	BOT	TOT	ABS
短期内资金获得的难易程度	较易	难	易	难
项目的所有权	部分拥有	拥有	可能部分或全部失去	不完全拥有
项目经营权	部分拥有	失去（转交之前）	可能部分或全部失去	拥有
融资成本	一般	最高	一般	最低
融资需要的时间	较短	最长	一般	较长
政府风险	一般	最大	一般	最小
政策风险	一般	大	一般	小
对宏观经济的影响	有利	兼具	有利	有利
适用范围	有长期、稳定现金流的项目	有长期、稳定现金流的项目	有长期、稳定现金流的已建成项目	有长期稳定现金流的项目、在国际市场上大规模筹集资金

此外，如果项目的投资风险较小、现金流量比较稳定，则适合采用债务融资的方式，如银行贷款、商业信用融资和资产债券化融资等；如果项目的风险较大、现金流量不稳定，则适合采用股权融资的方式，如产业投资基金、股资金信托等。

第三节　国内部分大型体育场馆投融资的实证分析

以北京奥运会部分场馆项目法人招标为标志，我国大型体育场馆供给进入了一个政府主导、社会参与、市场运作，充分利用各种市场化融资渠道和方式筹集资金，鼓励社会机构参与大型体育场馆投资的新阶段。国内部分省市以投融资体制改革为契机，积极探索和尝试大型体育场馆投融资方式的多元化和市场化运作，并获得成功，积累了大型体育场馆投融资方式多元化和市场化运作的成功经验。在北京

---

[1]　部分内容参考华体集团咨询中心内部资料.2006

奥运会场馆投融资中更是积极引入市场机制，积极探索奥运场馆投融资方式的多元化。本节试就国内部分采用市场化融资方式建设的体育场馆的融资方式进行简单分析，以为国内今后大型体育场馆的投融资提供经验借鉴。

一、北京奥运会场馆的融资模式

在北京奥运会场馆建设中，特别是部分由北京市负责投资建设的大型体育场馆在投融资模式上积极进行了市场化改革的尝试，采取项目法人招标方式，满足了奥运场馆融资的需求。下表对奥运场馆中采用市场化方式融资的场馆的融资情况进行了简单的介绍，以供国内其他大型体育场馆参考。

表3-2　北京奥运会场馆的主要融资模式概况[1]

项目名称	总投资（人民币）	融资方式	运作模式	联合体的权益
国家体育场（鸟巢）	33亿元	PPP	政府（以北京市国有资产经营公司为代表）出资58%。中信联合体出资42%，并负责项目的设计优化、投融资、建设、运营及移交。	拥有国家体育场30年特许经营权。政府给予的土地使用及其他方面的优惠政策。
国家游泳中心（水立方）	10亿元	海外华侨、华人捐赠	北京市国有资产经营公司负责建设、管理和运营。	
国家体育馆及奥运村	奥运村33亿元 国家体育馆8.7亿元	BOT项目捆绑	北京城建联合体负责国家体育馆的投融资、建设、运营及移交和奥运村的投融资、建设及经营。	拥有国家体育馆30年特许经营权。拥有奥运村的土地使用权和开发经营权，包括出租、出售奥运村内的住宅等。
国家会议中心	21亿元	BOO项目捆绑	北辰实业联合体负责项目的设计、投融资、建设及经营和旁边商业用地的设计及开发。	拥有50年的土地使用权和开发经营权。
五棵松文化体育中心	45亿元	BOO项目捆绑	中关村建设联合体负责体育中心的设计优化、投融资、建设及运营和商业用地的开发。	拥有50年的土地使用权和开发经营权。
奥林匹克水上公园	20亿元	BOT项目捆绑	天鸿集团联合体负责项目的设计、投融资、建设、运营及移交和商业用地的开发。	拥有奥林匹克水上公园30年特许经营权。拥有周边商业用地的土地使用权和开发经营权。

---

[1]　部分内容参考华体集团内部资料.2006

从表3-2来看，除国家游泳中心的资金来源于海外华人、华侨的捐赠外，其他大型体育场馆均采取市场化的融资方式，由市场主体参与投资建设。在上述大型体育场馆中，仅有国家体育场的建设资金中包含有政府的财政拨款，由北京市国有资产经营公司代表政府出资，投资额约为19.14亿元，其他大型体育场馆的建设资金全部由中标的联合体融资，政府采取授予中标联合体大型体育场馆一定年限的经营权、配套土地和商业设施开发权等形式补偿投资人。

北京奥运会主要比赛场馆的投融资是我国大型体育场馆建设史上市场化程度最高的一次，充分引入了市场运作机制，采取PPP、BOT及其衍生方式等，吸引市场主体参与大型体育场馆的投融资，对今后我国大型体育场馆投融资体制的改革以及各地大型体育场馆投融资方式的变革具有重要的启示和借鉴意义。

二、国内部分省市大型体育场馆的投融资模式分析

国内部分省市在大型体育场馆建设过程中，积极创新大型体育场馆投融资体制，进行大型体育场馆投融资的市场化运作，不论各省市是主动市场化还是被动市场化运作，但都取得了预期的效果，实现了场馆建设资金的市场化筹集，满足了各地大型体育场馆建设的融资需求，促进了各地大型体育场馆的建设与发展。国内部分省市大型体育场馆融资的基本情况如表3-3所示。

表3-3　国内部分省市大型体育场馆融资模式分析[1]

项目名称	总投资（人民币）	融资方式	运作模式	投资方的权益
天津奥林匹克中心	60多亿元	经营城市（土地置换）项目融资	市政府下属的天奥公司负责整个奥林匹克中心的建设资金筹措。配套区（包括住宅、公建）由顺驰、天津信托、津报集团组成的联合体开发经营。天奥公司用配套区的土地出让金建设体育场，并且是体育场的经营和管理者。水上中心和交流中心将采用合作开发方式进行项目融资。	顺驰联合体拥有配套区的土地使用权和开发经营权。水上中心和交流中心的投资者将通过项目融资的方式介入项目的建设和经营。

[1]　部分内容参考华体集团内部资料.2006

续表

青岛奥帆中心	30多亿元包括奥运必备项目和商业开发项目	BOO项目捆绑	市场化运作、政府不投入。面向国内外公开招投标。奥帆赛后，采取"谁建设、谁使用，谁投入、谁管理"原则。	青岛市政府赋予项目投资者自主经营权和收益权，甚至对个别项目给予补偿。
长沙新世纪体育中心	12亿元	经营城市、政府财政拨款	政府3年每年投入5000万；其余资金全部通过资产置换、配套商业设施出租、包厢出售和房地产开发等获得。	中心东侧一、二层商场、一层商业街、网球俱乐部、会展中心、体育宾馆等6个项目以总价8亿元置换给长沙商业银行。
昆明体育城	50亿元其中：体育场馆及商业配套10亿元；房地产开发40亿元	BOO、项目捆绑	政府出让土地、提供政策支持。民营企业出资开发建设，即作为公共产品的体育场馆和住宅、商业、办公等物业项目都由企业投资兴建。	拥有体育场馆、商业配套、住宅、写字楼等物业的土地使用权和开发经营权。
广东佛山体育中心	体育馆5.5亿元体育场9.7亿元	政府投资BOT、TOT项目捆绑	中体产业联合体负责体育馆及附属设施项目的投资、建设、运营及移交和04C地块的开发及经营。当地政府负责体育场的投资和建设，非政府机构负责运营和移交。	中体产业联合体拥有体育馆30年的特许经营权，及附属设施项目的投资经营权和04C地块的土地使用权和开发经营权。运营机构拥有体育场30年的特许经营权并可能享有政府给予的其它优惠政策。
南京奥体中心	25亿元	政府财政投资	地方政府全额出资建设，并在赛后成立经营管理公司，由省政府代管，体育局参与。	地方国资委拥有产权。
南通体育会展中心	19亿元	BOO项目捆绑	市场化运作，政府不投入，体育会展中心与中央商务区捆绑开发。	中南建筑集团获得中心所有权以及中央商务区的开发权。
上海F1赛车场	50亿元	政府背景的国资企业投资	由上海市财政局直属单位久事集团、上海市政府直属单位上海国资公司及嘉定区政府下属企业嘉安投资公司成立的合资公司负责项目的投资、建设和经营。	

从上述北京奥运会场馆和国内部分省市大型体育场馆的融资模式中可以看出，虽然各场馆均采取了市场化融资模式，由市场主体参与大型体育场馆的投融资，大型体育场馆建设资金来源渠道多元化，但政府以及具有政府背景的国有企业在各大型体育场馆的融资中均扮演了较为重要的角色，发挥了重要作用，甚至部分仍主要由政府投资建设。这表明虽然目前大型体育场馆投融资的市场化运作是可行的，但都离不开政府的投入或支持。究其因，在于大型体育场馆为准公共产品，虽具有收费机制和一定资金流入，但在目前情况下依靠大型体育场馆的运营收入难以收回成本，能维持自身的运营就已经非常理想。而且，场馆的运营具有一定的公益性和外部性，需要政府采用各种手段予以矫正或干预，因此，当前，大型体育场馆投融资的市场化运营尚离不开政府的投入与支持，需要政府在大型体育场馆投融资的市场化运作中发挥主导作用。

案例1：国家体育场项目融资方案设计[1]

一、概　述

国家体育场项目总投资35亿元，注册资本金占项目投资总额的1/3。由北京市政府指定的北京市国有资产经营有限责任公司与以北京建工集团有限责任公司为代表的联合体出资组建国家体育场项目公司。项目公司以北京市政府授予的国家体育场特许经营权和收益权作为保证进行融资。融资方案按照北京市奥组委关于在北京举办最成功的奥运会的要求，以保障国家体育场按期建成为目标，最大限度地确保项目建设资金筹措的充分、及时和经济。

国家体育场项目资金来源包括资本金、信托贷款、银行贷款、预收项目运营收入投入和北京市政府提供的次级债务。

项目公司前期运营收入4.9亿元，可用于项目建设资金。扣除预收运营收入后，项目外部筹措资金30.1亿元，北京市政府和北京建工集团有限责任公司联合体按

---

[1]　该方案是北京建工集团联合体竞标国家体育场项目时的融资方案设计。据了解，在国家体育场项目法人招标中，北京建工集团联合体的投标方案最优，排名第一，被确定为中标人，但后由于北京建工集团联合体内部成员的原因，招标人与中标人之间的谈判破裂，北京建工集团联合体未能与相关各方草签《国家体育场协议》等合同，中标人资格被取消，由排名第二的中信联合体递补为中标人。该融资设计方案虽然最终并未实施，但在当时的竞标中的所有融资方案设计中是最优的，因此，本文将其列出，以供国内其他场馆设计融资方案时参考和借鉴。

51%：49%的比例提供资金支持。北京市政府提供的资金支持为15.35亿元，其中，资本金5.95亿元，占项目公司注册资本的51%；提供的债务资金支持9.40亿元，由北京市政府提供全额贴息贷款。以北京建工集团有限责任公司为代表的联合体提供的资金支持14.75亿元，其中资本金5.72亿元，占项目公司注册资本的49%；协助解决项目公司信托贷款3亿元，银行贷款6.03亿元。

以北京建工集团有限责任公司为代表的联合体承诺解决项目投资总额超过35亿元以上的投资资金，同时承诺项目超支增加的投资不影响北京市政府对项目公司的任何权益。银行贷款承诺中已经包含了超支增加的投资。

融资方案按照项目投资进度的计划对各种资金的到位时间作了初步安排，所有的资金供应方均承诺项目公司在实际投资时，可以根据项目投资进度安排提款。

融资方案经过周密设计，足以保障国家体育场项目资金筹措的充分、及时与经济，在资金上可以保障国家体育场按期建成和第29届奥运会的成功召开。

二、方案设计原则

融资方案的基本设计原则是确保国家体育场项目资金筹措的充分、及时和经济，在资金上保证国家体育场按期建成和第29届奥运会的成功召开。

（一）设计连环保障措施，以多种方式支持和保证项目建设资金及时到位。

（二）融资担保主要以项目特许经营权和项目收入提供融资担保，北京建工集团有限责任公司对其中的部分融资承担不可撤消的连带责任担保，任何债权人不得对国家体育场资产实施追索权。

（三）优化股权融资与各种债权融资的结构，保证项目公司良好的资产负债结构，并尽可能的降低融资成本。

（四）建立稳健的债务结构、制订合理的债务级别，保护债权人的利益。

（五）所有的项目参与人都承担一定的项目建设风险，合理分摊和降低项目风险。

三、融资结构

（一）融资结构概况

国家体育场项目投资总额约为35亿元人民币，融资方式包括股权融资与债务融资两种。股权融资占项目总投资的1/3，北京市政府和投标联合体之出资人按51%：49%的比例出资。债务融资占项目总投资的2/3。其中，外部融资由北京市政府和投标联合体之出资人按51%：49%的比例协助解决或者提供资金支持，剩余部分由流动负债解决。债务融资包括有息债务、贴息债务和预收运营收入产生的流动负债。

（二）资本结构

北京市国有资产经营有限责任公司作为北京市政府在国家体育场项目上的出资代表与北京建工集团有限责任公司、北京金隅集团有限责任公司、北京大华邦投资集团有限公司、美国西埃集团公司、美国美洲集团公司共同出资，组建国家体育场项目公司。负责对国家体育场进行投资、融资、设计、建设和运营。

国家体育场项目投资总额约为35亿元人民币，项目公司注册资本为11.65亿元人民币，全部为现金出资，其中外方出资以外币出资，占注册资本的19.9%。出资结构如表3-4。

表3-4　项目公司资本结构

公司名称	出资金额（人民币）	比例
中方		
北京市国有资产经营有限公司	59428万元	51%
北京建工集团有限责任公司	32977万元	28.30%
北京金隅集团有限公司	583万元	0.50%
北京大华邦投资集团有限公司	350万元	0.30%
外方		
美国西埃集团公司	17479万元	15%
美国美洲集团有限公司	5710万元	4.90%

注：外方股东按照验资日汇率确定其实际应投入外币金额。

（三）债务融资结构

国家体育场项目债务融资占项目总投资66.7%，约23.33亿元人民币，通过项目公司外部融资和预收运营现金收入解决。债务融资结构见表3-5。

表3-5　项目公司债务融资结构

融资方式	融次金额（亿元）	占外部融资比例	占俩务总量比例
外部融资	18.43	100%	79%
其中：信托贷款	3.0	16.3%	12.9%
银行贷款	6.03	32.7%	25.8%

续表

次级债务	9.40	51%	40.3%
预收运营现金	4.9	NA	21%
债务资金总计	23.33	NA	100%

1．信托资金贷款

重庆国际信托投资有限公司公开发行规模为人民币3亿元的国家体育场项目贷款信托计划。信托目的是委托人（购买信托受益凭证的机构或者个人）委托重庆国际信托投资有限公司（受托人）将信托资金贷款给国家体育场项目公司，用于国家体育场的建设，由重庆国际信托投资有限公司对信托贷款的使用实行管理和监督，为委托人获取信托收益。信托计划成立后，重庆国际信托投资有限公司与国家体育场项目公司签订贷款合同。信托贷款期限5年，贷款年利率4.5%，按年支付利息。

北京建工集团有限责任公司对信托贷款的本金偿还与利息支付提供不可撤消的连带责任保证。重庆国际信托投资有限公司承诺在贷款协议和担保协议中明确，如果项目发生偿债风险，项目公司无法清偿信托贷款本息，可直接向北京建工集团有限责任公司追索。不得对国家体育场（在建或建成部分）资产实施追索权。

2．国内银行人民币贷款

国家体育场项目公司作为贷款主体，以北京市政府对其授予的国家体育场特许经营权和项目收益权作为保证，向银行申请贷款。授信银行承诺授予项目公司10年期，总额不低于1亿元人民币的综合授信额度，贷款利率按照中国人民银行基准利率下浮10%，按季度支付利息。特许经营权和项目收益权作为贷款保证，授信银行对项目公司的现金收益可享有优先请求权，在项目发生偿债风险时，项目公司本身的现金资产应当优于信托贷款和次级债务向授信银行分配。同时，授信银行承诺不得对国家体育场（在建或建成部分）资产实施追索权。

3．建设期预收运营收入

根据运营方案，项目公司成立后，在建设期将预售冠名权、赞助权、包厢使用权、商业座席等商业权利。截止2006年12月31日，项目公司可获得约4.9亿元人民币的预收现金。该笔资金作为负债，可用于项目的建设。

4．次级债务

项目公司作为贷款主体，由北京市政府协助项目公司解决9.40亿元人民币的债务资金，该部分债务为次级债务，如果项目发生偿债风险，项目公司的现金资产将依次偿还银行贷款、信托贷款、次级债务。根据本方案，可在运营期内偿还全部次级债务本金。次级债务的利息设计为北京市政府全额贴息的方式。融资结构如3-1所示。

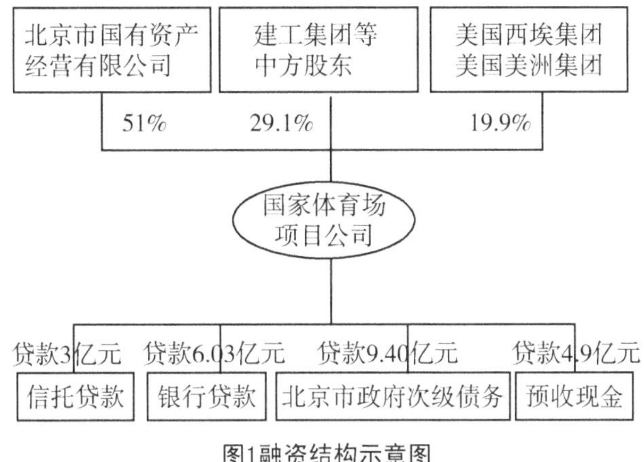

图1融资结构示意图

四、信用支持结构

（一）信托贷款的信用支持

信托计划募集资金用于对项目公司提供建设贷款，期限为5年。信托资金的最终债权人是社会公众，在信用级别的提升上，本方案采取了下列两种方式。

1．股东担保

北京建工集团有限责任公司作为项目公司的股东，向重庆国际信托投资有限公司提供不可撤消的连带责任担保，在项目公司的本息偿还发生危机时，重庆国际信托投资公司可以直接向北京建工集团有限责任公司追索。

2．银行再融资

信托计划发行结束后，如果项目公司的现金不足以支付到期信托贷款，项目公司将从银行授信额度中提款用于偿还信托资金贷款。

（二）银行贷款的信用支持

1．权利质押

授信银行向项目公司提供总额不低于12亿元的10年期（含宽限期）贷款，项目公司以北京市政府授予的特许经营权和项目的收益权向银行提供质押担保，授信银行对项目的现金流享有优先请求权。

项目公司将建立除信托资金账户外的银行贷款专门账户，由授信银行监督建设期资金的使用，对项目公司运营产生的现金扣除准备的工程支出、下一年的营运资本追加后，在银行贷款本息未清偿完毕前，不得用于对北京建工集团有限责任公司、北京金隅集团有限责任公司、北京大华邦投资集团有限公司、美国西埃集团公司以及美国美洲集团公司分配。

2．完工担保

由北京建工集团有限责任公司和上海建工集团有限责任公司组成国家体育场项目总承包商，总承包商与项目公司签署工程总承包（EPC）合同，锁定工程的完工日期和工程价款。对国家体育场项目的按期完工，由银行提供担保函。

项目公司向总承包商支付预付款时，总承包商将向项目公司出具由银行提供的相应金额的预付款保函。

在项目公司验收国家体育场之前，项目公司将留置不低于总承包价款5%的到期应付款。

在办理完成国家体育场的验收交接手续后，项目公司向总承包商支付工程尾款的同时，总承包商将向项目公司提供期限为2年相当于总承包价款5%金额的运行保函。

五、融资风险管理

（一）资金保障风险管理

1．信托发行的风险管理

信托发行具有发行的市场风险，可能影响项目建设资金不能及时到位。本方案安排解决的办法是，在信托计划募集资金不足3亿元人民币时，余额在银行提供的授信额度中解决。由于银行贷款利率高于信托贷款利率，这样将相应增加项目公司的财务费用。

2．项目投资超支的风险管理

项目投资总额为35亿元人民币，如果超支并非由于北京市政府要求的变动所致，则超支部分由北京建工集团有限责任公司承担，北京建工集团有限责任公司承诺对项目公司追加相应的投资，追加的投资视超支额度安排由北京建工集团有限责任公司对项目公司单方面增加注册资本金，或解决相应的债务资金，且增资不影响北京市政府对项目公司的任何权益。

3．预收运营收入不足或延期的风险管理

考虑用于项目投资的预收运营收入4.9亿元期限及金额的不确定性，而影响所需的建设资金时，由投标人解决。

银行授信额度已解决了预收运营收入的不确定性所带来的筹资风险。另外，北京建工集团有限责任公司作为总承包商承诺，提供5亿元人民币的融资支持。

（二）融资成本风险管理

国家体育场项目债务融资额中涉及的融资成本风险主要包括银行贷款利率波动风险和项目超支带来的利息成本增加的风险。

在国家体育场运营期，联合体根据宏观经济假设，已在银行贷款的利息支出中考虑了利率上涨的风险因素。

该项目根据实际情况采取短期的工程垫资和赊销采购减少银行贷款；采用票据、信用证等金融工具降低项目利率风险和融资成本。

六、国家体育场项目融资方案评述

由北京建工集团联合体提交的国家体育场项目融资方案设计是参与竞标的三家联合体中方案设计最优的。从国家体育场的融资方式来看，主要包括股权融资和债务融资两种。股权融资占项目总投资的1/3，北京市政府和投标联合体之出资人按51％：49％的比例出资。债务融资占项目总投资的2/3。其中，外部融资由北京市政府和投标联合体之出资人按51％：49％的比例协助解决或者提供资金支持。在债务资金中，主要来源于以下几个方面：信托贷款3亿元、银行贷款6.03亿元、北京市政府次级债务9.4亿元和预收账款4.9亿元。从国家体育场的融资具体方式来看包括：资金信托、债务融资、股权融资、无形资产融资、商业信用融资等多种方式，并在融资方案设计中对各种融资风险进行了充分的考虑，并设计了相应的应对方案。从该融资方案设计来看，具有很好的可行性和可操作性，对国内其他大型体育场馆融资方案的设计具有较高的借鉴价值。

案例2：怀化市体育中心项目集合资金信托个案

怀化市体育中心项目集合资金信托计划是我国体育场馆建设史上第一次采用资金信托方式融资建设体育场馆的成功个案。通过资金信托，共筹集3000万元建设资金，满足了怀化市体育中心前期的建设资金需求。笔者试通过对怀化市体育中心资

金信托计划发行过程以及回报条款等的具体介绍，使国内更多的省市了解资金信托计划，以使各地大型体育场馆的融资方案设计中逐步采用资金信托这一融资方式，缓解大型体育场馆建设资金不足的问题。

一、怀化市体育中心项目集合资金信托计划

为了充分发挥信托的职能和作用，拓宽民间投资渠道，湖南省信托投资有限责任公司（以下简称"湖南信托"或称"受托人"）根据《中华人民共和国信托法》《信托投资公司管理办法》《信托投资公司资金信托管理暂行办法》以及其他有关法律、行政法规的规定，利用在金融、投资领域的人才、信息及管理优势，经认真调研和充分准备，制定了怀化市体育中心项目集合资金信托计划。

第一条 信托计划名称

怀化市体育中心项目集合资金信托计划（以下简称"本信托计划"）。

第二条 信托计划的目的

湖南信托将多个由投资者指定用途的信托资金集合管理和运用，以贷款的方式，向怀化体育中心有限责任公司的怀化市体育中心重点项目提供贷款，以获得贷款利息等稳定的投资收益。

第三条 信托计划规模

信托计划规模为不超过3000万元人民币。

第四条 信托计划的期限

本信托计划期限三年，自信托计划成立之日起计算。

第五条 加入信托计划的条件和方式

（一）委托人资格

中华人民共和国境内具有完全民事行为能力的自然人、法人或依法成立的其他组织（以下统称"委托人"）。

（二）受托人

受托人湖南省信托投资有限责任公司是经中国银行业监督管理委员会批准的合法的金融信托机构。

（三）受益人的要求

本信托的受益人按照信托合同的附件予以确定。

（四）资金要求

加入本信托计划的资金应当是委托人合法拥有的可支配资金，计算单位为人民币。单笔加入本信托计划的资金金额最低为人民币5万元（含5万元），并可按人民

币1万元的整数倍增加。

（五）　加入方式

委托人交付信托资金后与受托人签订信托合同，自信托计划成立之日起即视为加入信托计划。委托人须在湖南信托指定的销售点加入本信托计划。

（六）推介期

本信托计划推介期自2004年12月26日到2005年2月5日止，接受资金委托并办理加入等相关手续。

第六条　信托计划的成立

满足下列条件之一，信托计划成立：

1.　本信托计划项下的信托合同达到200份；

2.　本信托计划项下的资金总和达到3000万元；

3.　本信托计划推介期满。

信托资金在湖南信托收到日至信托计划成立之日期间的资金利息，按中国人民银行同期活期存款利率计算，由受托人在第一次分配信托收益时一起支付。

第七条　信托计划资金的管理运用

湖南信托为信托财产的管理人，将本着"诚实、信用、谨慎、有效"的管理原则，负责本信托财产的日常管理运用。

（一）　资金管理运用权限和方式

1.　管理运用权限

鉴于本信托的集合性质，委托人全权委托受托人对信托计划资金进行运用管理。

本信托项下的财产可以按照公平市场价格与受托人管理的其他信托财产或受托人的固有财产进行交易。

2.　管理方式

湖南信托承诺为信托计划资金设立银行专用账户，即信托资金专用账户。本信托计划的一切资金往来均须通过该账户进行；

信托计划资金单独记账，不同委托人的信托资金分别记账；

委托人、受益人对信托财产，按其信托财产占集合信托财产的比例，在信托计划中享有权利，承担义务。

信托计划资金与受托人自有资金分别管理，信托计划资金与受托人管理的其他信托资金分别管理。

3.　运用方式

本信托计划资金用于向怀化体育中心有限责任公司的怀化市体育中心重点项目

提供人民币贷款，贷款条件如下：

（1）贷款期限

贷款期限为三年，具体起止时间以受托人与怀化市体育中心有限责任公司签订的贷款合同的规定为准。

（2）贷款利率

贷款利率按中国人民银行颁布的同期贷款利率上浮10%为6.336%/年。如遇利率调整，按照中国人民银行的规定办理。

（3）贷款本金偿还

贷款本金按受托人与怀化市体育中心有限责任公司签订的贷款合同的规定，于贷款到期日一次偿还。

（4）贷款利息支付

贷款期限内，怀化市体育中心有限责任公司于每季度第三个月的第20日支付贷款利息。

（5）保障措施

怀化市体育中心有限责任公司提供评估价值为51551999万元的土地资产作为信托贷款的抵押物。

根据怀化市政府的《承诺函》：

①在3年信托贷款期限内，用现体育馆、体育局机关房产、土地、门面转让或变卖收入按信托合同约定的还款条件和步骤，偿还信托贷款本息；

②在体育中心完成征地、拆迁、平整将土地变为熟地后，将其中的200亩土地予以挂牌拍卖，所得收益按信托贷款合同约定的还款条件和步骤，偿还信托贷款本息；

③在信托贷款本息未还清时，将市政府为体育中心安排的配套资金以及从省和国家争取的体育中心建设专项资金，全部留存市财政专户，偿还信托贷款本息；

④当上述资金不足以偿还信托贷款本息时，由市财政负责统筹安排资金予以补足，保证信托贷款本息兑现。

同时，中国二十三冶建筑集团有限公司对信托贷款本息的偿还承担连带担保责任，并且承诺在拆迁完后，投入3000万元用于项目的开发建设。

（6）贷款特别条款

如果受托人发现借款人与借款项目可能发生影响信托资金安全的重大问题时，受托人有权要求借款人提前偿还贷款。

4. 贷款利息收入在信托利益分配前的运作

　　湖南信托将在遵循安全性和流动性原则的基础上，将贷款利息通过存放银行、购买国债或同业拆放等方式，获取贷款利息再投资的稳定收益。

　　（二）借款人：怀化市体育中心有限责任公司

　　2003年，怀化市政府为开发建设体育中心项目，特成立了项目公司，市政府将怀化市体育局的非经营性资产转化为经营性资产，作为公司的注册资本金。项目公司性质为国有独资，股东为怀化市体育局，注册资本金为4636万元人民币。

　　截至2004年10月31日，公司总资产达到14774万元人民币，其中固定资产2112万元，无形以及递延资产12520万元，负债为499万元，全部为应付款。

　　（三）担保人：中国二十三冶建筑集团有限公司

　　二十三冶始建于1953年，2001年划归湖南省，2003年列为湖南省人民政府重点扶持发展的20家大型国有企业集团之一。公司注册地址为长沙市劳动西路268号，注册资本金31537万元。现有员工21000余人，其中各类专业技术人员5000余名，项目经理800人。拥有各类机械设备6000台套，总功率8万千瓦，年销售收入30亿元以上。在建筑业、房地产业、有色冶金矿山开采方面具有比较丰富的经验和市场声誉，并且取得了比较好的成绩。

　　（四）怀化市体育中心项目介绍

　　怀化体育中心项目地处怀化市湖天开发区6号小区，四周道路均为城市干道天星东路、刘塘路、锦西路和香洲路，是怀化市政治中心、金融中心、教育中心、医疗中心、会展中心和居住中心环绕的黄金地带。规划占地面积42万平方米，总建筑面积50万平方米，主要由以下几项大型建筑群构成：

　　（1）主体育场（奥林匹克商贸广场）：建筑面积80000平方米，内圈为三万座位的看台、标准足球场和田径场，外圈为附属的五层共44721平方米的商贸广场；

　　（2）综合体育训练馆：建筑面积26500平方米，游泳馆：建筑面积4200平方米，民族民俗竞技场、大型停车场等其他配套项目；

　　（3）奥林匹克运动员公寓：占地200亩，总建筑面积35万平方米；

　　（4）体育局现址23.93亩土地的开发。

本次申请贷款融资主要用于体育中心项目535.5亩土地的拆迁平整。

第八条　受托人

　　（一）名称：湖南省信托投资有限责任公司

　　（二）成立日期：2002年12月

　　（三）法定代表人：罗志宏

　　（四）注册资本：8.58亿元人民币

（五）住所： 长沙市城南西路1号 （湖南省财政厅办公大楼1-4层）

（六）信托管理机构：

1. 董事会

主要职责是：

（1）确定投资理念、投资原则和投资目标；

（2）决定投资策略和投资比例；

（3）决定投资组合的总体目标和总体计划。

2. 风险防范管理委员会

主要职责是：

（1）提出法律与政策风险、利率风险、市场风险等具体意见；

（2）提出防范和化解上述风险的控制措施；

3. 独立的信托计划资金运用部门

信托计划资金运用部门在业务上独立于受托人的其他部门，其工作人员不与受托人其他业务部门相互兼职，具体业务信息不与受托人的其他业务部门共享。信托计划资金运用部门的高级管理人员不得在信托计划资金托管部门兼职。信托计划资金运用部门的主要职责是：

（1）信托计划推介；

（2）拟定信托计划资金运用方案，经决策执行委员会批准后实施；

（3）按信托文件规定运用信托资金开展经营，并对资金拨付等发布指令；

（4）及时跟踪资金运用项目，控制资金运用过程中的各种风险；

（5）信托文件管理；

（6）定期披露信托计划相关信息；

（7）提出信托计划收益分配方案，报公司决策执行委员会批准。

4. 独立的信托计划资金托管部门

信托计划资金托管部门在业务上独立于受托人的其他部门，其工作人员不与受托人其他业务部门相互兼职，具体业务信息不与受托人的其他业务部门共享。信托计划资金托管部门的高级管理人员不得在信托计划资金运用部门兼职。信托计划资金托管部门的主要职责是：

（1）为信托计划建立会计账户和信托账户；

（2）执行信托计划资金运用部门的指令；

（3）计算信托财产净值；

（4）实施信托利益分配方案；

（5）安全保管信托计划资金；

（6）发现信托计划资金运用部门的指令违反信托合同规定时，有权拒绝执行该指令，并向决策执行委员会报告；

（7）保管信托计划有关的重大合同、凭证；

（8）保管相关名册、账册、报表和记录等。

5．独立的稽核审计部门

公司设立稽核审计部门，主要职责是：

（1）负责公司日常风险管理；

（2）对信托计划运行情况进行日常审计；

（3）监督与核查业务部门及相关部门对于风险控制制度的执行情况；

（4）针对业务过程中异常情况作出预警并及时报告。

第九条 信托计划风险揭示及防范措施

（一）风险揭示

1．管理风险，借款人的经营状况受多种因素的影响，如管理能力、财务状况、市场前景、人员素质等，可能因经营管理不善。影响其偿还借款的能力。

2．政策风险，如果国家的财政政策、金融政策发生变化，会在一定程度上影响怀化市体育有限责任公司的税负水平和融资成本，进而对怀化市体育有限责任公司的盈利水平和发展速度产生影响。

3．贷款期间内，由于中国人民银行调整贷款利率，导致信托收益水平变动的风险。

4．由于各种原因导致本信托融资项目收入未能达到预期水平。

5．贷款期间内，受战争、动乱、自然灾害等因素影响所带来的风险。

（二）风险防范措施

1．受托人具有在贷款管理方面的丰富经验和专业优势，对借款人的经营状况实行严格的事前审核和事中监控，及时发现其经营中可能对信托资金造成损失的问题。同时在贷款合同中规定，受托人在发现借款人可能存在影响信托资金安全性的重大经营问题时，有权要求其提前偿还贷款。

对于项目开发收益未能按期、足额进入信托专户，从而影响到信托计划执行的情况，怀化市政府出具承诺函，一旦出现这种情况，将由怀化市政府财政统筹安排，保证按期足额还本付息，同时中国二十三冶建筑集团将承担连带担保责任。

2．针对政策可能导致的风险，在项目运行期间内政策相对稳定。另外，该项目利润率较高，还款有一定的保证。

3．针对贷款利率波动的风险，该项目贷款利率将按照中国人民银行规定的同期贷款利率执行，在利率下降的情况下，信托合同中约定的受托人信托报酬的计算方法能够在信托收益下降时减少受托人的信托报酬，在一定程度上降低市场风险。

4. 受托人将以安全性为首要原则，对贷款利息收入在信托利益分配前进行谨慎、有效的运作，严格限制投资方向，除存放银行、同业拆放及投资国债外，不进行其他方式的投资，从而有效规避管理风险。同时，受托人已按银监会规定建立了决策体系和内部机构管理制度。受托人将在实际运作中严格遵守信托合同的规定和有关规章制度，不断提高信托管理水平和效率，降低管理风险。

湖南信托承诺以受益人的最大利益为宗旨处理本信托事务，并谨慎管理信托财产，但不承诺信托资金不受损失，亦不承诺信托资金的最低收益。

第十条 信托计划费用及收益

（一）信托计划费用

1. 信托报酬

湖南信托每季按受托管理的信托资金的0.2%从信托财产中预提信托报酬，信托终止时按照本条第一款规定的计算方法进行一次性调整；

信托报酬计算方法：

若信托资金的年收益率为5.20%（包括本数）以下，受托人不收取信托报酬；

若信托资金的年收益率超过5.20%（不包括本数），超过部分作为受托人的信托报酬。

2. 信托财产管理、运用或处分过程中发生的税费；

3. 信托推介费用；

4. 信托计划信息披露费用；

5. 与信托相关的审计、评估、投资顾问费用和律师费用；

6. 文件和账册制作、印刷费用；

7. 信托终止清算时所发生费用以及按照国家有关规定可以列入的其他费用；

不列入信托费用的项目：

受托人因未履行或未完全履行义务导致的费用支出或信托财产的损失， 以及处理与信托运作无关的事项发生的费用等不列入信托费用。

（二）信托收益的计算

1. 信托收益包括信托贷款的利息收入以及由此所产生的其他收入的总和，扣除按照本计划规定应由信托财产承担的费用（不包括信托报酬）后的余额部分：

（1）利息收入

信托贷款所得的利息收入；

（2）其他收入

贷款利息收入在信托利益分配前进行稳健型投资所得的收益。

2. 信托年收益率 = 信托年收益 / 信托资金总额。

（三）信托净收益的分配

1. 信托净收益=信托收益-信托报酬。

2. 受托人每年向受益人支付一次信托净收益，以现金方式支付，分配时间为本信托生效之日起每满一年后的十个工作日内。

3. 受益人按信托资金占本信托计划资金的比例享有信托净收益。

第十一条　信托税收

信托计划期限内所涉及的税务问题，按国家的有关法律、法规与政策办理。对于国家法律、法规或政策没有明文规定的信托行为的税务问题，按照政府部门的相关规定办理。

第十二条　信托受益权的转让

（一）在信托有效期内，受益人可转让其拥有的信托受益权。

（二）受益人转让信托受益权，应持受益人确认书和信托受益权转让申请书与受让人共同到受托人处办理转让登记手续。未在受托人处办理转让登记手续的，不得对抗受托人。

（三）受益人转让信托受益权，受益人和受让方应当分别按所转让权益的0.1%向受托人缴纳转让手续费。

第十三条　信托计划事务的信息披露

本信托计划的信息披露严格按照《中华人民共和国信托法》、《信托投资公司管理办法》、《信托投资公司资金信托管理暂行办法》以及其它有关法律、行政法规办理。信息披露按照合同约定，除非委托人或者受益人来函索取书面信息披露文件外，受托人以下列方式报告委托人和受益人：

1. 受托人办公场所存放备查；

2. 在受托人网址http://www.huntic.com上公告；

3. 以电话通知方式进行信息披露。

在信托计划存续期内，如果发生可能对信托受益人权益产生重大影响的事项时，湖南信托应在知道临时事项发生之日起三个工作日内以约定的方式向委托人和受益人作临时披露。

第十四条　信托计划的终止与清算

（一）信托的终止

有下列情形之一，本信托终止：

1. 信托文件规定的终止事由发生；

2. 信托的存续违反信托目的；

3. 信托目的已经实现或者不能实现；

4. 信托当事人协商同意；

5. 信托期限届满；

6. 信托被解除；

7. 信托被撤销；

8. 全体受益人放弃信托受益权。

（二）信托清算

1. 自信托终止之日起成立清算小组。

2. 信托清算小组负责信托财产的保管、计算和分配，编制信托清算报告。信托清算小组可以依法进行必要的民事活动。

3. 湖南信托应在信托计划终止后十个工作日内编制信托财产分配的信托计划清算报告，并以约定的方式报告委托人和受益人。

4. 受益人自信托计划清算报告公布之日起二十个工作日内未提出书面异议的，湖南信托就信托计划清算报告所列的有关事项解除责任。

5. 清算费用：指清算小组在进行信托清算过程中发生的所有合理费用，清算费用由清算小组从该信托财产中支付。

第十五条 信托计划期满时信托财产的归属与分配

（一）信托终止，信托财产归属于受益人。

（二）信托财产以现金方式在信托期限届满后一次性进行分配。

（三）湖南信托按信托合同的约定变现信托财产，并将现金存入信托合同约定的银行账户。

（四）信托期限届满后十个工作日内分配信托财产。

（五）湖南信托于信托财产分配后十个工作日内，书面通知受益人取回应得财产。

二、怀化市体育中心项目集合资金信托计划发行成功的原因

怀化体育中心项目集合资金信托计划作为国内第一家采用信托资金融资方式建设的体育场馆，其资金信托计划之所以成功，主要在于其良好的回报预期以及较为专业的运作。怀化市体育中心资金信托计划不仅仅是体育中心一个项目，而是一个

项目集合体，包括了诸多有较高市场前景的项目，如占地200多亩的奥林匹克运动员公寓：占地200亩和体育局现址23.93亩土地的开发。而且，资金信托计划的预期回报有保证，由怀化市体育中心有限责任公司提供评估价值为51551999万元的土地资产作为信托贷款的抵押物，并由怀化市政府出具《承诺函》，承诺在3年信托贷款期限内，用现体育馆、体育局机关房产、土地、门面转让或变卖收入按信托合同约定的还款条件和步骤，偿还信托贷款本息，并承诺在体育中心完成征地、拆迁、平整将土地变为熟地后，将其中的200亩土地予以挂牌拍卖，所得收益按信托贷款合同约定的还款条件和步骤，偿还信托贷款本息；若上述资金不足以偿还信托贷款本息时，还承诺由市财政负责统筹安排资金予以补足。同时，中国二十三冶建筑集团有限公司对信托贷款本息的偿还承担连带担保责任。上述途径确保了信托资金的预期回报是非常安全、可靠的，有利于吸引信托投资者。根据怀化体育中心信托发行的实际情况，湖南省许多机构投资者对该项目的前景及预计高达5.2%的年利率非常看好，远大空调便认购了1200万元，湖南天马科技有限公司认购250万元，最少的一家公司也认购100万元。

来源：http://finance.icxo.com/htmlnews/2004/12/27/527472.htm

案例3：怀化市体育中心项目总承包建设方案分析

一、项目名称　怀化体育中心

二、项目内容

（1）项目位置：位于怀化市湖天开发区6号小区，北靠天星东路、南临刘塘路、西接香洲路、东依锦溪南路。

（2）建设规模及内容：项目占地535.5亩，概算投资3.28亿元，主要由主体育场、综合体育训练馆、游泳馆、民族民俗竞技场、大型停车场、市民休闲广场、奥林匹克运动员公寓及其他配套项目构成。整个项目计划分两期实施，第一期还需投资2.068亿元，主要完成535.5亩项目建设用地的土地开发（含道路、管网、广场、绿化）及主体育场、民族民俗竞技场、网球场及市民休闲广场等建设。第二期计划开发建设其它场馆。目前只建设第一期工程。

（3）项目现状：现已投入3835万元，完成了项目立项、报批、可研、规划设计等手续，并完成征地430亩，拆迁腾地180亩。

（4）第一期工程建设资金来源：一是市财政配套4000万元；二是体育中心项目

200亩配置用地筹措7000万元；三是市体育局从体育彩票公益金逐年筹措1000万元；四是体育中心主体育场一、二层2万余平方米商场筹措6900 万元；五是可利用市庆十周年主会场及大型体育场馆建设名义由市发改委、市财政局、市体育局等共同向国家和省争取2000万元。以上共计筹措2.09亿元。

三、建设要求　合作方于 2008年10月底前建成，确保怀化市市庆十周年典礼如期进行。

四、合作方式及回报　项目以总承包方式建设，由投资商全额出资建设，怀化体育中心项目以现金、实物土地、商铺作价等形式回报投资方。一是体育中心200亩配置用地和主体育场27128平方米商铺（一层1万平方米，二层17128平方米）抵资1.39亿元。投资商可受让体育中心内配置用地，项目开发土地在征地、拆迁完成后采取带招商项目进入土地市场挂牌出让，按投资商在城市基础设施建设和土地前期开发中已投资额度设置挂牌条件。土地使用权挂牌出让起始收益7000万元（如果竞价不足7000万元，业主方用怀化体育中心其它商铺作价予以补足，如果竞价超过7000万元，超出部分作为体育中心的投入资金）。二是现金5000万元，其中市财政配套4000万元，市体育局体彩公益金配套1000万元（前两年财政到位2000万元，体彩公益金到位400万元，剩余资金在体育中心建成后两年内全部到位，如资金未能及时到位，体育中心按同期银行利息承担相应财务成本）。三是利用大型体育场馆及市庆名义向国家和省争取2000万元。不能到位的部分由市体育中心以预留用于保障场馆运作的房产出让予以补足。

五、优惠政策　享受市重点工程建设项目、怀化市招商引资政策及公益性项目优惠政策。

六、怀化体育中心项目总承包建设方案分析

根据怀化体育中心建设总承包方案，体育中心的建设资金全部由总承包商垫资建设，政府不负责体育中心的建设资金，总承包商通过现金、实物土地、商铺作价等形式获得相应的投资回报。怀化体育中心的建设资金融资方案在我国体育大型体育场馆建设史上算是一次创举，采用项目总承包商垫资方式建设，以解决大型体育场馆建设资金不足问题。该项目总承包方案虽然最终未能成功，但其思路、做法和尝试仍对国内其他大型体育场馆的投融资具有一定的启示意义。怀化体育中心项目经过不断的努力和尝试，最终与广东泰业实业有限公司签订投资协议，由该公司投资1.5亿元建设怀化体育中心。

来源：怀化市体育局网站.http://www.hhtiyu.com.

第四章　PPP模式在大型体育场馆融资中的应用研究

2008年奥运会和2010年亚运会在我国的举办以及全运会、城运会等大型体育赛事申办制度的推行，引发了我国各地方政府对大型体育场馆的庞大需求，而大型体育场馆的兴建需动辄数亿元的投入，实则令地方财政捉襟见肘，但地方政府对场馆的需求是刚性的，部分城市为缓解场馆供给不足问题，采取了市场化供给策略，以市场为导向，充分发挥市场配置资源的基础性作用，吸引民间资本参与场馆的供给。以北京奥运会部分场馆项目法人招标为标志，PPP（公私合作伙伴关系）项目融资模式在我国大型体育场馆融资中得到了一定的应用。PPP项目融资模式在我国大型体育场馆中的应用，引发了国内体育界诸多学者的关注和研究。但是，目前在我国有关大型体育场馆PPP模式的研究中，多以其必要性、可行性分析为主，而对其应用于该领域的实践性研究略显不足。为此，本文对大型体育场馆引入PPP模式的实践性问题进行分析研究，以期抛砖引玉，引起体育界对大型体育场馆PPP项目融资方式的更广泛关注，进一步丰富该领域的理论研究。

第一节　大型体育场馆PPP项目融资模式概述

一、PPP模式的定义

PPP(Public Private-Partnership)中文直译为"公私合作伙伴关系"，指政府和企业以及志愿者为了提供或改善公共设施或公共服务，通过确立明确的合同或契约而达成的合作伙伴关系。PPP本身是一个内在结构相对灵活的模式，没有固定的结构，属于一个不断发展的概念，可通过各种不同的结构安排加以实施。

PPP有广义和狭义之分。广义的PPP泛指公共部门与私人部门为提供公共产品或服务而建立的各种合作关系，而狭义的PPP可理解为一系列项目融资模式的总称，与广义的特许经营类（Concession）融资模式完全相同。它包含BOT、TOT、DBFO等多种模式。

二、大型体育场馆PPP模式的运作流程

一个完整的大型体育场馆PPP模式运作流程，可分为以下几个阶段：立项与可行性分析阶段、项目招标阶段、签约及项目公司成立阶段、项目建设或更新阶段、项目运营阶段、项目移交阶段。大型体育场馆PPP模式运作流程如图4-1所示。

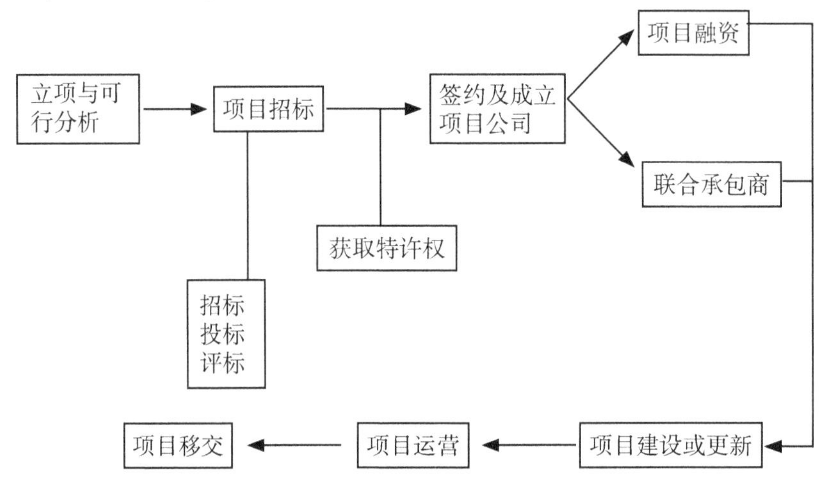

图4-1　大型体育场馆PPP模式的运作流程图

（一）立项与可行性研究阶段

大型体育场馆PPP项目的提出，一般有两种情况：一种是政府部门根据区域、经济发展计划和公众对大型体育场馆设施服务的需求，提出大型体育场馆PPP模式开发的建议；另一种情况是由项目发起人根据政府确定的大型体育场馆建设规划，并针对自身发展需要或在对大型体育场馆市场需求研究的基础上，向政府提出采用PPP融资方式开发大型体育场馆的建议，以供政府选择和决策。

在大型体育场馆利用PPP模式开发的建议提出后，政府部门要针对该项目进行细致的可行性分析。大型体育场馆PPP模式的可行性分析主要包括两个方面：一是对大型体育场馆的市场、技术、经济等方面的评价；二是对大型体育场馆民营化的可行性进行分析，如该项目对民间资本的吸引力、项目的风险评估等。

（二）项目招标阶段

1．项目招标的初步工作

在确定大型体育场馆PPP项目融资的可行性后，政府部门组织发起招标工作，在招标阶段，政府部门首先要选派专门负责PPP模式运作的机构发布招标信息，对报名竞标的私营机构进行预审，并从中选择数家投资机构发售招标文件。

政府部门在招标初级阶段的具体工作为：（1）成立招标委员会和招标办公室；（2）聘请中介机构，该机构主要包括投融资咨询公司、律师事务所等；（3）进行项目技术问题研究，明确技术要素；（4）准备资格预审文件，制定资格预审标准；（5）设计项目机构，落实项目条件；（6）准备招标文件，特许协议，评定评标标准。

2．私营机构的投标工作

由于大型体育场馆PPP项目的投标竞争激烈，私人投资机构为了提高自身竞争优势，往往会同代表政府股权的国资公司组成联合体参与竞标，这样的联合体不仅符合PPP项目的要求，而且具有很强的竞争力。

投标机构在参与竞标时，须向政府部门提供相关投标文件，此类文件主要包括：投标函、项目的可行性研究报告(包含工程初步设计)、项目总投资估算额、预期收费标准以及招标文件中要求的其他文件。在某些情况下，应允许在投标书中对大型体育场馆项目的一个或几个方面提出修订或替代性方案，以便更好地完成场馆项目的建设或更新。

3．政府部门的评标和定标

在竞标公司投标结束后，由评估小组进行评标，评估小组成员主要包括体育部门的政府官员、体育领域的专家学者、PPP项目技术顾问以及财务、法律等方面的专业顾问。评估内容包括私营机构的项目方案、风险承受能力以及要求政府支持的程度等，政府部门通过评标初步选出一个或几个条件较好的私人投资机构作为该大型体育场馆项目的暂定中标者。

（三）签约及项目公司成立阶段

暂定中标者选出后，政府与其进行谈判，谈判顺序通常从条件最好的暂定中标者开始，谈判的内容一般包括大型体育场馆项目开发的时限、提供服务的水平、风险分担、政府提供的扶持政策以及其他与项目有关的权责问题。如果双方就谈判的内容达成一致，则政府部门与其签订特许权协议，宣告谈判结束。如谈判双方未能就有关内容达成一致，则该暂定中标者被淘汰，政府需从其他暂定中标者中重新选择谈判对象，进行谈判。

谈判结束且由政府部门宣布中标结果后，中标公司应在一定时间内办理好公司成立的有关事宜，具体包括制定公司章程、到工商税务部门注册、在银行开设账户等。项目公司正式注册后，开始筹集项目建设及运营所需资金，根据我国国情，PPP项目公司资金的筹措主要是以有限追索权或无追索权形式获得商业银行的贷款为主。项目公司资金筹措结束后，需组织有关项目参与者进行项目开发工作。

（四）项目建设或更新阶段

在大型体育场馆建设或更新阶段初期，中标公司可联合建筑工程承包商共同进行场馆的开发及设计工作。在项目开工报告得到批准后，PPP项目建设开发商根据特许权协议的规定，按照技术和工期以及质量方面的要求，负责大型体育场馆建设或更新的设计、施工等工作。在此阶段，政府部门不仅要负责开工报告的审批，还要随时对场馆建设发展状况进行监督，若出现与合同不符情况，需及时确定责任主体，追究法律责任。

（五）项目运营阶段

大型体育场馆建设竣工且验收合格后，正式进入项目的运营阶段。该阶段是项目公司获取投资回报的主要阶段，根据PPP模式惯例，项目公司一般可获得大型体育场馆20—50年的运营管理期限。此阶段中，项目公司可自行运营大型体育场馆，也可通过签署合约委托专业运营公司进行经营管理。但大型项目特别是在我国刚起步的PPP项目，如大型体育场馆项目，多以聘请经验丰富的专业运营商承担项目运营，待项目公司运营经验丰富后，再转交项目公司完成项目的经营管理。整个项目运营期间，项目公司除依照合约对场馆进行经营外，还要对其实施相应的维护工作。

（六）项目移交阶段

特许经营期满后，PPP项目公司必须按照协议要求将大型体育场馆的经营权、所有权移交给政府。在项目的移交阶段，公私双方要完成对大型体育场馆的资产评估、利润分红、债务清偿等相关事宜，而且政府应对大型体育场馆的质量状况和资产完好程度进行评估，以保证该场馆能继续正常运营和提供高质量服务。

正常情况下，大型体育场馆的PPP项目，应能使私人投资机构在特许期间还清债务并能获得一定的经济回报。但是，如果由于某些无法控制或抵抗的因素，如政治风险干扰因素等，使项目没有达到预期产生的利润，则特许期可以按照特许协议的规定适当延长，这就需要公私双方在签订特许权协议时仔细考虑有关细节，作到未雨绸缪。

项目移交结束后，政府部门需要安排大型体育场馆的继续运营工作，此时政府可以通过招标等方式选择新的运营商接管该大型体育场馆，但相对来说，由于原场馆运营商更熟悉该项目的相关情况，如果政府和原项目运营公司对运营业绩满意的话，也可以与原项目运营商续约，继续由其负责项目的经营管理工作。

第二节　PPP模式在大型体育场馆融资中应用的可行性分析

一、PPP模式在大型体育场馆融资中应用的积极意义

首先，PPP模式可引入民间资本，帮助国内地方政府建设大型体育场馆，有效缓解地方财政压力，减轻政府财政负担。PPP模式可以有效实现财政资金和民间资本的融合，充分发挥体育场馆的社会效益和经济效益。大型体育场馆建设耗资巨大，需要省、市政府，甚至中央财政的资金投入，以保证大型体育场馆正常的建设施工。如武汉市为承办第六届全国城市运动会需新建及改建46个大型体育场馆，共需投入建设资金20亿元左右。在场馆建设的资金投入中，中央财政和体育总局拨款为6200万元，其余资金全部由湖北省和武汉市政府负担，巨额的资金投入足见政府部门在大型体育场馆建设方面的沉重负担[1]。如能将PPP模式应用于大型体育场馆建设中，则不需要政府部门直接出资或少出资，由作为项目公司的私营机构负责筹集场馆的建设、运营及维护资金，则可以减轻政府的财政负担。

其次，PPP项目融资模式在我国大型体育场馆中的应用，有利于导入国内外私营机构先进、成熟的管理技术及经验参与我国大型体育场馆的运营管理，这样不仅可以缩短大型体育场馆的建设周期、提高大型体育场馆的服务质量，还可以丰富我国大型体育场馆的市场化运作经验，提高我国大型体育场馆的管理及运营水平。此外，民营机构参与我国大型体育场馆的运营管理，易于引入市场竞争机制，激励自身积极开发大型体育场馆的营利性服务项目，促进大型体育场馆的市场化运作，提高大型体育场馆的赛后运营效率，解决场馆赛后运营困难等问题。

最后，大型体育场馆在采用PPP模式运作时，公私双方可利用各自的经验及能

---

[1]　李宪生．城市与城运[M]．武汉出版社，2007（10）：83．

力优势，合理分担并有效规避大型体育场馆建设及运营中的潜在风险。在原有政府包揽大型体育场馆建设及服务的情况下，风险完全由政府承担，且缺乏对项目风险应有的重视，但采用PPP模式运作后，政府和私营机构共同承担风险，而且在PPP模式的签约谈判阶段，需要公私双方通过项目评估，对项目中每一种可能出现的风险进行明确界定并合理分配，这种制度设计是以充分利用各方优势为基础的，可有效规避项目运营中的风险，并实现大型体育场馆的最佳经济效益。

二、PPP模式在大型体育场馆融资中应用的可行性分析

（一）大型体育场馆市场发展潜力巨大

体育产业作为21世纪的朝阳产业，具有较高的盈利空间和投资回报率，而大型体育场馆作为发展体育产业的基础和载体，投资者可借助PPP模式参与大型体育场馆的投资和运营，在未来分享体育产业飞速发展所带来的巨大商机，并获得丰厚的投资回报。国家体育总局在相关会议上多次提出发展体育产业要依托场馆，因此，大型体育场馆作为体育产业发展的基础和依托，在未来具有广阔的发展前景，市场潜力巨大，可为投资者带来丰厚的投资回报，为投资者采用PPP方式参与大型体育场馆供给提供了现实可能。

（二）大型体育场馆及其供给产品具有准公共产品特点

首先，从经营特点来看，我国大型体育场馆主要是为了提供公共服务、满足公众需求，具有显著的社会效益。虽然其经营目的并不是为了赢利，但个人或组织都可通过购买或赠与的方式得到对该服务产品的使用权，且轻而易举的就可将"搭便车者"排除在消费范围之外，可见大型体育场馆具有一定的排他性。其次，从大型体育场馆的消费特点来看，其消费又具有明显的非竞争性，即在没有达到"拥挤"点之前，每一个消费者对大型体育场馆的消费并不会影响其他消费者。因此，大型体育场馆兼具排他性和非竞争性的特点，属于准公共产品范畴，可在其供给中引入市场化供给模式。

从大型体育场馆的经营内容来看，其提供的大多数服务产品具有一定的商业性质，属于私人物品或俱乐部产品范畴。如场馆冠名权、场地租赁、场馆内特许经营服务、豪华包厢或VIP坐席、健身培训、停车场等，这些服务都以提高经济效益或盈利为目的，均可通过PPP模式引入民间资本、交由民间机构经营管理。

（三）大型体育场馆具有一定的盈利空间

我国大型体育场馆利用PPP模式运作的盈利渠道主要有三种，即场馆服务收益、土地开发收益和政府财政补贴。其中，场馆服务收益是指与场馆自身经营有关的场馆冠名权、赛事门票销售、场地租赁费用收益等；土地开发收益是指大型体育场馆的建设在完善城市功能、提升城市形象的同时，带动了场馆周边土地的增值，创造了土地极差收益，可为项目公司带来一定的经济收入，如场馆周边建设的居民区等；政府财政补贴收益是指政府部门根据"庇古税"理论，对生产具有正外部性产品的服务部门提供财政补贴，以激励并增加其对社会有益产品的供给，亦是一种纠正市场机制失灵的行为。虽然政府财政补贴金额数量有限，但也是项目公司经济收益来源的一部分。

（四）相关政策的出台为PPP模式的应用提供了政策依据

大型体育场馆的PPP项目融资模式，是在完善我国社会主义市场经济体制框架下，对大型体育场馆投融资体制和管理方式的创新。由于PPP模式在大型体育场馆领域中的应用尚处于起步阶段，因此其能否在该领域健康、顺利的发展，取决于我国相关政策及制度的支持与否。为了拓宽大型体育场馆建设资金的融资渠道，吸引多元化的资金投入场馆建设及运营，我国《2001——2010年体育改革和发展纲要》明确提出"要加快建设和依法保护体育设施，国家鼓励社会及个人投资兴建体育设施,并在土地使用、资金贷款等方面给予优惠等政策"；《体育产业"十一五"规划》也明确提出："鼓励和支持各类大型体育场馆开展经营管理方式的创新，不断完善目标管理责任制，积极推进所有权和经营权分离，扶持大型体育场馆运营专业机构，实行委托经营管理，提高大型体育场馆经营管理水平。"以上规章制度的提出，为大型体育场馆建设及其运营中引入市场机制提供了政策保障，为PPP模式在大型体育场馆领域的应用提供了政策依据。

三、PPP模式在大型体育场馆融资领域应用与其他服务领域中应用的差异

（一）消费需求富有弹性且稳定性较低

我国自1984年在深圳沙角电厂B厂引入第一个BOT融资模式以来，以PPP为主的融资模式在国内得到了广泛的发展和应用，如广深高速公路、广西来宾电厂等。但该模式一般被用于电力、水利、交通等基础服务设施的建设及运营中，为公众提供

的是必须的生活消费品。与其他公共服务领域所提供的消费品相比，大型体育场馆等体育服务产品还属于一种发展及享受型消费物品，其消费需求富有一定弹性。消费特点的不同决定了不同领域PPP模式可预期消费的稳定性不同，由此可见，虽然我国体育产业具有广阔的发展前景及盈利空间，但是其消费特点决定了大型体育场馆项目的消费稳定性要明显低于其他公共基础设施项目。

（二）大型体育场馆兼具公益性和营利性

我国大型体育场馆是以公益性为主体，兼具公益性和营利性双重属性的公共服务基础设施。其公益性主要体现在满足运动竞赛、大众休闲娱乐及实现全民健身计划和奥运争光战略等方面；其营利性主要表现在大型体育场馆的营业支出、营业收入、财务状况、净利润等方面。在大型体育场馆服务的供给中，忽略任何一个方面都会削弱大型体育场馆的功能，造成社会价值的损失。因此，大型体育场馆PPP模式融资的整个过程，都应体现着大型体育场馆的双重效益，即公私双方在大型体育场馆的设计、建造及后期运营管理中，不仅要考虑到场馆的营利性，更要考虑到场馆的公益属性，应本着以经营为手段，以实现我国大型体育场馆的公益性为目的的原则，对大型体育场馆进行设计、管理及经营，以实现其更高层次的社会效益。而其他采用PPP融资的公共服务项目，虽然也带有一定的公益性质，但以盈利为目的的居多。

（三）大型体育场馆收益主要来源于非本体收入

由于大型体育场馆设施占地面积较大，无论是分散式布局还是集中式布局，都难以在城市中心找到适宜的场馆建设用地。因此，我国目前筹建或正在建设的大型体育场馆设施多位于城市的郊区，场馆选址的偏远性不利于吸引消费人群，加之目前我国大型体育场馆的营利性较差，民间机构要获取一定的投资回报，单一的依赖于对大型体育场馆自身的经营是远远不够的，因此在大型体育场馆PPP模式融资过程中，政府为吸引民间资本的投入，往往会配合较大面积的商业用地供项目公司进行商业运作，如商业中心、居民区等，以提高项目投资者的投资回报率，而该部分非本体经营收入，亦是项目公司获取投资回报的主要来源。而在其他公共服务领域的PPP融资模式中，投资者主要通过对公共服务设施自身的经营来获得投资回报的。

第三节 PPP模式大型体育场馆融资中应用的成功案例及经验分析

一、悉尼奥运场馆PPP融资案例分析

澳大利亚政府在悉尼奥运会体育场馆建设中，采用了PPP项目融资模式。澳大利亚新南威尔士州奥运协调局负责悉尼奥运会主体育场、主体育馆和奥运村的招标工作。其中，主体育场招标工作用2年时间完成，最终由澳大利亚多丛公司和汉姆布鲁司银行组成的联合体中标，负责主体育场的设计、施工、融资和运营。

悉尼奥运会主体育场投资估算为6.15亿澳元，其中政府拨款9120万澳元，贷款600万澳元，政府投入占总投资的15.8%；其余84.2%的资金由中标联合体组建的私人财团——2000年澳大利亚体育场公司负责筹措。中标联合体除投入股本金、向商业银行贷款外，还将出售会员坐席作为一种筹资方式，如向社会发行3.44万个"黄金会员"坐席，单价为1万澳元，发行"白金会员"席位600个，单价为3.4万澳元。公司规定，黄金和白金会员可以参加2000年奥运会开、闭幕式；白金会员在资格有效期内，享有固定包厢服务，且可得到主体育场举办体育赛事的免费票2张（奥运会、世界杯足球赛等顶级赛事除外）；黄金会员保证可以购买到每场比赛的门票，并享有专门的休息室等服务内容。该筹资方式除去筹资成本后，实际筹集建设资金2.994亿澳元，占总投资的近一半。

在合约方面，奥运协调局代表州政府与中标机构共签署了9种协议，除特许权协议外，还有租赁协议、政府贷款协议等；此外，悉尼奥组委与中标机构还签署了体育场协议和商业权利协议。政府部门通过协议授予中标财团负责融资、建设及在建造完成后31年内的经营和维护体育场馆的权利。在体育场的运营中，该私人财团委托一家专业公司负责体育场前10年的经营，并组建了两家公司分别负责管理体育场和拥有体育场的资产。其中，持有资产的公司负责偿还银行本金和利息、向地方政府交纳税费；而负责管理的公司则向持有资产的公司支付租金以租用场地设施，租金的多少基于管理公司的收入而定，这些收入的来源包括冠名权、场馆租用、广告和餐饮服务等。值得注意的是，该体育场在经过赛后最初阶段的亏损后，已开始盈利。

二、我国国家体育场运用PPP模式融资分析

我国国家体育场承担着2008奥运会的开幕式、闭幕式和田径比赛等事项。该体

育场在奥运会期间能容纳观众9.1万人，场内设永久坐席8万个，可作为国际特殊重大比赛和各类常规赛事以及非竞赛活动的场地。

为保证项目按期完工，满足奥运会的使用需求，并降低政府部门的财政压力及运营成本，国家体育场采用了PPP项目融资模式进行建设及运营。在该体育场的PPP模式运作中，政府部门在项目建设上提供资金支持，其出资比例不低于项目总投资的51%（最终北京市政府委托北京国资公司出资20亿元，占总投资额的58%），招标选择国家体育场项目法人合作方，与政府出资人代表——国资公司共同组建项目公司，负责国家体育场的融资、建设、运营和维护工作。最终由我国中信集团联合体中标，并与北京国资公司共同组建了"国家体育场有限公司"，负责国家体育场的相关工作。

中标机构产生后，国家体育场项目中标人——中国中信集团联合体与北京市政府签署了《国家体育场特许权协议》；为满足2008年奥运会赛事要求，该联合体与北京市人民政府和第29届奥林匹克运动会组织委员会签署了《国家体育场协议》；并与北京市国有资产经营有限责任公司签署了《合作经营合同》。以上协议或合同规定，"国家体育场有限公司"拥有30年的国家体育场特许经营权，且北京国资公司在这30年内不参与分红，待经营期满后收回完好的体育场；在国家体育场建设中，由北京市政府提供场地规划、土地使用、场地配套设施、资金和政策等条件，由奥组委提出赛事需求和比赛场馆功能性要求；北京国资公司除具有依据合作经营合同监督项目公司对项目的建设投资和资产维护修理的权利外，还拥有对重大事项决策的否决权。

三、悉尼奥运会体育场和国家体育场PPP模式运作的经验分析

悉尼奥运会体育场及我国国家体育场PPP模式的成功运作，主要取决于四方面的原因。首先，政府部门为保证民间资本的投资回报，在体育场馆建设用地上，批了较大面积的商业用地供项目公司进行商业运作，提高了大型体育场馆PPP融资项目对民间资本的吸引力。

其次，民间机构借助PPP模式参与悉尼奥运会体育场及我国国家体育场建设时，均组建了企业联合体，而联合体具有经济实力雄厚、技术经验丰富、竞争力强和整合各方面力量等多种优势，能够有效防范大型体育场馆建设及运营过程中的诸多风险。

再次，市场化运作模式在两国奥运会体育场项目中得到了充分的应用，开发了

大型体育场馆的可赢利性服务项目，并能创造一定的经济收益。如悉尼奥运会体育场VIP会员坐席的发售，其不仅能为场馆建设融得部分资金，还能吸引固定观众参与体育赛事、体育表演活动的消费，为场馆后期运营提供一定的经济收入。

最后，充足的合约是保证两国奥运会主会场成功利用PPP模式进行融资的关键。公私双方以及私营企业相互之间通过签订合同结成稳定的契约关系，并明确规定了各自的权利与义务以及应提供的服务类型与标准，明确的分工提高了大型体育场馆建造及运营的运作绩效，而且，若在项目运作过程中出现违规现象，政府部门亦可根据相关合同规定追究违约方的法律责任，以确保大型体育场馆项目的顺利发展。

第四节　PPP模式在大型体育场馆融资中应用的实现途径及注意事项

一、我国大型体育场馆PPP模式的主要实现途径

根据我国国情，PPP项目融资模式在我国大型体育场馆融资中应用的主要实现途径有4种，分别是PPP模式（狭义）、BOT模式、TOT模式和DBFO模式。

（一）PPP模式（狭义）

PPP模式（狭义）是PPP项目融资模式中最典型的一种融资方式，即政府与民间机构合作，共同提供大型体育场馆的建设资金。PPP模式（狭义）实践中具体形式主要是政府参股。政府参股主要是对于那些初始投资量较大的大型体育场馆，由政府通过控股或入股的方式参与建设。政府参股的国内最成功的案例是国家体育场的项目融资方案设计，由北京市政府和中信联合体共同出资建设国家体育场。

（二）BOT 模式

BOT融资模式是特许经营类融资模式的一种，其全称为Build—Operate—Transfer（建设—运营—移交）。它是指私营机构在获得政府部门授予的特许权后，投资、建设基础服务设施，并通过向用户收费获取投资回报。在特许期内（一般为25～30年）私人部门拥有该设施的经营权和所有权，特许期结束后，私营机构应按照合同规定，将基础设施及各种权利交还给公共部门。在BOT模式的基础上，衍生出了BLOT（建设-租赁-经营-移交），BOOT（建设-拥有-经营-移交）等模式。

近年来，BOT项目融资模式在我国大型体育场馆建设中得到了广泛的应用。例

如，作为2006年第十二届广东省运动会主场馆的"岭南明珠"体育馆，政府在其建设规划中，为解决场馆约9亿元的资金、减轻佛山市财政负担，对该体育馆及其附属设施建设进行项目法人合作招标，最终由北京中体产业集团(国家体育总局控股的上市公司)联合体中标，获得对"岭南明珠"体育馆30年的特许经营权利。此外，我国利用BOT模式兴建的大型体育场馆还有五棵松体育中心、国家体育馆等。

（三）TOT 模式

TOT是英文Transfer—Operate—Transfer（移交—经营—移交）的缩写，是指公共部门将已建基础设施项目一定期限的经营权（或产权与经营权），有偿转让给私营部门，由后者进行经营管理。私营部门在特许期限内，通过对项目的经营收回全部投资并创造合理的收益，且在合约期满后，须将基础设施及相关权利交还给公共部门的一种融资方式。由于TOT包括只转移经营权和产权与经营权共同转移两种方式，因此又可将其分为LUOT（租赁—更新—经营—移交）和PUOT（购买—更新—经营—移交）两种模式。

TOT融资模式主要适用于已建成的公共基础设施项目，解决已建基础设施运营困难等问题。因此，我国大型体育场馆采用TOT融资模式，吸引国内外专业管理集团参与我国大型体育场馆管理，不仅可以有效解决已有大型体育场馆赛后运营效率低、政府财政补贴压力大等问题，还可以丰富我国大型体育场馆的管理经验，为我国大型体育场馆产业发展提供技术保障。

（四）DBFO 模式

DBFO融资模式的全称是 Design—Build—Finance—Operate（设计—建设—融资—经营），它是指私营机构获取特许权利后，设计并建设大型体育场馆，同时拥有该场馆的所有权。公共部门根据合同约定或大型体育场馆的运作绩效，向私人部门支付一定租赁费用或绩效费用，同时提供与该设施相关的核心服务，而私人部门只提供该设施的辅助性服务。例如，私营部门设计建设某大型体育场馆，公共部门通过向私营部门支付一定的费用使用建设好的大型体育场馆，并提供承办大型赛事等主要公共服务，而私营部门负责提供餐饮娱乐、卫生清洁、停车场等辅助性服务。

与BOT等融资模式相比，实质上DBFO模式并没有真正融得资金，而最终还是由政府支付项目的建设、运营和维护费用，相当于政府购买服务，只不过政府通过这种方式将支付的时间大大延长了，通常为20年左右。

表4-1　PPP模式在大型体育场馆融资中应用的实现途径

PPP模式（狭义）	PPP（狭义）公私合作伙伴关系 Public-Private-Partership
TOT 移交-经营-移交 Transfer-Operate-Transfer	PUOT　购买-更新-经营-移交 Purchase-Upgrade-Operate-Transfer
	LUOT　租赁-更新-经营-移交 Lease-Upgrade-Operate-Transfer
BOT 建设-运营-移交 Built-Operate-Transfer	BLOT　建设-租赁-经营-移交 Built-Lease-Operate-Transfer
	BOOT　建设-拥有-经营-移交 Built-Own-Operate-Transfer
	DBTO　设计-建造-转移-经营 Design-Built-Transfer-Operate
其他	DBFO　设计-建造-融资-经营 Design-Built-Finance-Operate

（注：左侧合并单元格为"PPP项目融资模式的主要实现途径"）

二、PPP在大型体育场馆融资中应注意的问题

（一）避免合约冲突

大型体育场馆PPP项目融资模式具有较高的风险性和复杂性，项目中参与方众多，私营机构与政府部门以及私营机构相互之间的合同关系复杂，但其中最为重要的是私营机构与政府之间的合同关系——特许权协议。私营机构在与政府部门签订特许权协议，获取特许经营权后，还要同商业银行等金融机构、工程承包商等签订一系列合同，以保障项目的正常运营。值得注意的是，特许经营协议是PPP合同体系的核心，是PPP项目中订立其他后续合同的基础，其他合同的订立都不能与政府部门特许权协议的原则和规定相冲突，否则后续的各种协议无效。

（二）避免场馆的垄断经营

在PPP项目融资模式中，私营机构之所以选择大型体育场馆进行投资建设，很大程度上是看中了大型体育场馆在某区域内所具有垄断特性。在这种情况下，私营机构一旦拥有了大型体育场馆的所有权或经营权，就形成了垄断经营。虽然政府部门在私营机构运营期间，可对其经营价格进行监控，但在市场经济条件下，对价格水平的监控绝非易事。这就要求地方政部门兼顾私营投资企业的合理收益与使用者的经济承受能力，避免投资者肆意提高价格，在实现私营部门经济收益的同时，避

免大型体育场馆服务市场垄断现象的发生。

（三）妥善安置失业人员

我国大型体育场馆在采用PPP项目融资模式提高运营效率的同时，必然会产生一些失业人员。如大型体育场馆采用TOT模式，将场馆的产权及经营权利移交给私营部门，必将导致场馆原有员工的失业。此时，政府部门应多渠道、妥善处理失业人员的再就业问题。一般可以采用两种方式：一是与私营部门协商，要求私营企业优先雇佣场馆原有员工；二是政府部门可从转让大型体育场馆经营权的收益中，设立专项基金，用于解决原有员工再就业等问题。

（四）兼顾场馆的经济效益和社会效益

大型体育场馆的PPP模式在于通过市场竞争机制，引入民间资本参与大型体育场馆的运营管理，为社会提供更优质的大型体育场馆服务。但在大型体育场馆利用PPP模式进行市场化供给，追求经济效益的同时，亦应注意其社会效益的发挥。而民间机构参与大型体育场馆的投资运营，其逐利性决定了其必然会采取各种途径提高大型体育场馆服务的价格，降低大型体育场馆的运营成本，甚至会限制大型体育场馆的公益性使用及社会效益的发挥。因此，在大型体育场馆PPP模式运作过程中，政府部门应注意加强对大型体育场馆后期运营的价格管制和相应的社会性规制，以确保大型体育场馆在经济效益和社会效益方面的双丰收。

（五）防范场馆的过度经营

私营部门在大型体育场馆的特许经营期内，为早日收回投资成本、创造经济利润，势必会过度使用大型体育场馆及相关设备，而忽视对其进行必要的维护活动，因此加快了大型体育场馆设施的折旧速度，造成特许经营期满移交时部分基础设施的损坏，降低了特许经营期满后所回收的大型体育场馆的资本价值，甚至影响到大型体育场馆回收后能否继续正常的运营。所以，政府部门在私营机构对大型体育场馆的后期运营管理中，应进行适当的维护监督工作，制止滥用行为发生，并在特许期满项目移交时，对项目进行系统的资产评估，收缴大型体育场馆基础设施的预期维护费用。

第五节　PPP模式在大型体育场馆融资应用中存在的问题及建议

一、PPP模式在大型体育场馆融资应用中存在的问题

（一）PPP模式的配套的立法不完善

在我国大型体育场馆PPP项目融资模式的运作过程中，无论是签约前还是签约后的实施，都需要完善的法律条文对其进行支撑和保护。虽然我国已具备一些适用于PPP模式的法律法规，如《外商投资产业指导目录》、《中华人民共和国招标投标法》等，但现有法规在PPP模式运作具体问题的规制上还是存在一定的欠缺，比如在奥运场馆项目法人招标的实际操作中，就已经发现现行的一些体制、法规和政策有不相适应之处，即现行的招投标法对招甲方的各种经济活动没有界定相应的法律关系。

此外，跨国企业集团在利用PPP模式参与我国大型体育场馆建设时，不仅会遵循我国的法律法规，也会遵循国际惯例，但我国现行的与PPP模式相配套的法律法规与国际惯例之间存在一定的冲突，主要表现在规则的缺失和规则体系之间的不协调、不配套、不合理等方面。

（二）政府角色亟待转变

我国的大型体育场馆服务，长期以来都是以作为国家机构的政府部门通过权力运作方式向社会提供和生产的。在大型体育场馆引入PPP模式后，政府在项目运营过程中，应由以往的主导角色转变为与民间资本之间的监督、指导和合作的角色。但目前，政府部门在与民间机构共同进行项目的开发时，往往仍处于主导地位，缺少与民间机构的合作，导致了PPP模式运作阻力的产生。例如，我国政府部门在应用PPP模式建造国家"鸟巢"体育场时，在该体育场的设计过程中并未同参与后期运营管理的民营机构进行合作，未充分考虑后者的后期运营因素，而是从建造城市性、国家性形象标准工程以及举办大型体育赛事的角度出发设计该体育场。因此，"鸟巢"体育场的整体设计不利于投资者的后期经营管理，不能有效保障投资者的利益。"鸟巢"体育场也曾因过于奢华和缺少适用性，而遭到国内诸多专家的反对。

（三）融资渠道单一

大型体育场馆的建设资金需求量大、回收期长，从而需要大量的资金及多元化、多功能的投融资方式和金融产品的支持。但目前我国融资渠道单一，能够满足PPP模式长期资金需求的创新性金融产品相对匮乏，这在一定程度上制约着该模式的应用。

据美国学者Howard研究，美国大型体育场馆特许经营项目融资包括公司联合融资、银行贷款和资产债券化融资等。而在我国的大型体育场馆特许经营项目融资，主要以依赖政府部门拨款、以无追索权或有限追索权方式向商业银行获取贷款为主，如我国国家体育场奥林匹克中心区，其采用PPP模式的融资渠道是由政府拨款、相关金融机构贷款、新奥集团自有资金以及园区内建设场馆业主交纳的土地开发建设费构成。其中金融机构的贷款是由北京市政府出面担保才得以顺利完成，而这一部分占了整个资金链的一半以上。

（四）专业技术人员匮乏

PPP是一种专业性很强的融资模式，其涉及法律、融资、合同、工程、管理等多种专业理论，需要与之相匹配的专业人员实施管理运作，以保证项目的顺利进行。目前，虽然我国在金融工程领域拥有大量的技术人员，但针对大型体育场馆PPP运作所需要的既了解大型体育场馆市场，又懂得金融管理的专业型、复合型人才相对匮乏。

在复合型技术人员问题没有得到妥善解决前，进行PPP融资工作具有较大的困难，如在项目发起前，需要专业人员对项目的可行性、特许经营期限、项目风险等内容进行专业的、系统的分析；在项目实施过程中，亦需要专业人员对其进行系统的监控，以能保证项目健康、顺利的发展。因此，缺少专业型、复合型技术人员，也是制约我国大型体育场馆PPP模式运作的因素之一。

二、促进PPP模式在大型体育场馆融资中应用的建议

（一）完善与PPP模式相配套的立法

大型体育场馆进行PPP模式运作，具有投资大、期限长等特点，为保证国内政策的稳定性和连贯性，增强国内外投资者的投资信心，就需要完善的法律政策在项目设计、融资、运营、管理和维护等各个阶段对政府部门与企业各自承担的责任、义务和风险进行明确界定，以保护双方的权益。在完善我国PPP项目融资立法体系

的过程中，首先要提高PPP项目融资的法律权威性；其次要搭建起以国家"基本法"为主，以地方政府配套的法律文件为辅的系列项目融资法律框架；最后，我国PPP项目融资法律的制定要以世贸组织的原则和我国入世的承诺为依据，遵循国际惯例，减少与国际法律间的冲突。

（二）加快政府角色转变

采用PPP项目融资模式，政府应由过去在大型体育场馆建设中的主导角色，转变为与私营企业合作提供体育服务产品的监督者、合作者的角色。

在监督工作方面，政府部门应在大型体育场馆兴建之初监督场馆设计施工的工程质量，保证民营机构为公众提供高标准、高质量的体育基础设施；其次，在场馆后期运营过程中，政府部门不仅要监督项目公司是否履约，还应监管其供给产品的价格及质量，具体包括规定价格调整周期，制定价格上限（或下限）等，以规避大型体育场馆服务的垄断性，维护公众利益，最大限度的实现其社会效益。

在公私双方的合作方面，政府部门应通过制定有效政策和措施，促进国内外私营企业参与我国大型体育场馆的投资，形成风险共担、利益共享的政府与民间资本的合作模式。公私双方在合作中所涉及到的权益，可根据风险分配及获利情况的原则进行划分，只有权责明确的合作方案才更具有吸引力，更能保障公私合作的顺利进行。

（三）拓宽融资渠道

目前我国大型体育场馆项目的融资渠道主要有两种，一是依靠政府财政拨款，二是民间机构以无追索权或有限追索权方式向商业银行获取贷款。融资渠道狭窄、融资成本过高，这对于PPP项目融资是极为不利的。为保证大型体育场馆PPP项目的顺利实施，政府应考虑与扶持政策相结合，进一步拓宽融资渠道，降低融资成本。

政府在大型体育场馆项目招标中，应鼓励民营企业构建企业联合体（如作为"鸟巢"体育场民营合作伙伴的中信联合体），扩大民营机构规模，吸引社会法人、基金、自然人等参股，以筹措企业所需的项目资金；支持具备条件的民营企业发行企业债券进行项目直接融资；放宽基金投资政策，允许保险基金、社保基金、住房基金等投资基础设施PPP项目。此外，为缓解民营机构的经济压力等问题，政府部门可推出符合有关法律、法规要求的扶持政策，如贴息贷款、税收优惠、财政补贴政策等。

（四）合理设计投资回报机制

民间资本进行项目投资，看重的是该项目的盈利能力，因此，大型体育场馆在利用PPP模式吸引民间资本投资时，场馆项目必须具备一定的盈利空间，否则难以吸引民间资本投入。这就要求作为项目发起人的政府部门必须为场馆项目设计合理的投资回报机制，扩展大型体育场馆项目的盈利空间，以吸引民间资本参与我国大型体育场馆的投资及运营。

虽然我国大型体育场馆设施经营状况差是不争的事实，但政府部门在场馆建设用地方面，可通过配套一定的商业基础设施拓宽项目投资者的投资回报渠道，还可通过将大型体育场馆与其周边规划的较大面积的土地相捆绑，共同开发大型体育场馆建设项目，以提高大型体育场馆项目的投资吸引力。因此，政府部门在设计场馆的投资回报机制时，可以考虑将盈利能力相对较差的大型体育场馆项目与商业设施捆绑开发，以提高大型体育场馆的预期盈利能力。如在北京奥运会大型体育场馆项目法人招标中，国家体育馆盈利能力较差，但通过与盈利能力强的奥运村项目相捆绑，极大的提高了国家体育馆项目的投资吸引力，并成功吸引到5家国际联合体参与竞标。

（五）推行相应的激励机制

在大型体育场馆的PPP模式运作过程中，为实现更好的运作绩效，政府部门可以本着从项目公司实现项目整体利益最大化的角度出发，对项目公司提供适当的补偿或奖励，采取相应的激励方式提高其项目运作的积极性，具体激励方式包括精神激励和物质激励两种。

从精神激励方面来说，私营企业参与大型体育场馆PPP运作的一个重要动机就是提高企业自身的声誉、证明自身实力，以获得更多的消费者的亲和力及商业机会，因此政府部门可将项目公司在项目运营中的积极表现及成绩及时公布于众，通过满足项目公司的精神需求，来提高其在项目运作中的积极性；而在物质激励方面，政府部门可根据项目公司的经营业绩，给予其一定的物质、经济补偿或奖励，以保证项目公司在大型体育场馆中的正常运营或再创佳绩。

（六）加速PPP专业人员的培养

培养PPP领域的专业技术人员，一般可采用两种途径，一是政府部门首先要做好PPP专业知识培训工作，引进国外专家到国内进行专业培训或选派有关人员出国考查国外PPP项目的建设；其次政府部门可针对国内不同公共服务领域进行PPP项目技术培训，如电力、水利、交通、体育等部门，以培养我国各服务领域内的专业型、复合型人才。二是政府和私营企业在PPP模式的实践中，通过对PPP融资模式的实务操作，总结经验，培养属于公私双方各自专有的实践型人才。

此外，在大型体育场馆PPP模式运作的过程中，政府部门还可以聘请专业项目咨询公司作为该项目的技术顾问，利用其已有的经验优势，为政府提供PPP项目运作的全程服务。如美国金州控股集团，该公司作为"鸟巢"体育场民营合作企业——中信联合体的倡导者，在"鸟巢"体育场利用PPP项目融资模式的过程中提供专项服务。据介绍，这家公司曾作为50多家跨国公司在中国的项目顾问，包括众多城市的基础设施和环保项目，该公司也曾参与过200多个外国政府贷款项目和近百个中国的排水和固废处理项目等。

案例：泉州海峡体育中心（BOT）项目运作分析

泉州海峡体育中心出让土地使用权等招标公告[1]

招标编号：0747-0540SITC3016

招标代理：中化国际招标有限责任公司

地　　区：泉州市

内　　容：

泉州海峡体育中心是泉州市实施全民健身发展纲要，承办2008年全国农运会的主要体育场馆。经泉州市人民政府研究，拟以BOT的形式筹集海峡体育中心建设资金。泉州市发展计划委员会、泉州市国土资源局受泉州市人民政府委托，负责泉州市海峡体育中心"一场一馆"及相关项目（2005—12号地块）法人招标工作，现将有关事项公告如下：

一、招标方式

（一）招标模式

1. 通过公开招标的方式，采用海峡体育中心"一场一馆"及2005—12号地块综合开发项目招标。中标人在成为海峡体育中心"一场一馆"及附属设施的投资人、运营商的同时，成为2005—12号地块400亩商住用地国有土地使用权的受让人。

2. 中标人将作为海峡体育中心"一场一馆"及附属设施建设和2005—12地块的

---

[1]　中国招标网．http://www.bidchance.com/bidchance/calggnew/2005

项目法人，在泉州市人民政府指导协调下，负责完成海峡体育中心"一场一馆"及附属设施的招标代建工作，确保2008年全国农运会投入使用。建成后，体育场馆及附属设施的所有权属泉州市人民政府。中标人拥有体育场馆30年（含建设期二年）的使用经营权，场馆的维修维护由中标人独立承担。30年期限届满后，中标人须向泉州市人民政府无偿移交该体育场馆及附属设施（包括商务中心）的使用经营权，并保证实体功能完好。

3. 中标人取得的2005—12号地块的国有土地使用权，土地使用年限：住宅用地70年，商业用地40年，综合用地50年。中标人须按其在土地使用权投标书中的承诺交纳场馆建设资金，方可根据城市规划要求进行房地产开发、建设、销售或经营。

（二）招标程序

1. 采取公开招标方式，要求投标人对海峡体育中心"一场一馆"及附属设施的使用经营权和2005—12号地块的出让土地使用权，分别填报价格和总价格。

2. 报名人应当具备承担招标项目的能力，应根据招标文件的要求，提供有关资质证明和业绩情况，并对有关事项要求提供书面承诺。

3. 招标人对报名人进行资格审查。

4. 投标人应当在招标文件要求提交投标文件的截止时间前，将投标文件送达投标地点。投标人少于三个的，或投标价格达到起价但未达到保留价的，招标人将作为挂牌人。以原设定的投标起价作为挂牌起始价。投标人（竞买人）投标价格转为挂牌报价。挂牌在规定的期限内投标人（竞买人）可以多次报价，报价超过保留价的出价最高者为竞得人。

二、招标项目概况

（一）海峡体育中心建设规模及投资

海峡体育中心建设用地516亩（其中包括游泳馆和全民健身中心用地66亩）。工程建设内容包括体育场、体育馆、商务中心及相应配套设施，工程总投资额估算约需6.7亿元。

（二）2005—12号地块的经济技术指标

2005—12号地块位于市区城东组团中心片区，邻城市主干道安吉路。用地面积400亩，用地性质为居住、商业及酒店等。规划指标为：建筑高度控制在80米以下，其中酒店建筑高度控制在100米以下；总容积率小于2.5；建筑密度不大于25%；绿地率35%以上；建筑间距1：1H（H为建筑檐口高度）；停车场公共建筑按总建筑面积15%配置。

三、投标人必要条件

1.　必须符合国家法律规定，依法注册成立的中华人民共和国大陆境内独立法人企业，注册资本合计3亿元以上或者净资产折合7亿元以上（经有权机关审计评估）。参与招标时应交纳投标保证金2亿元，中标后其中1亿元在招标人与项目公司正式签署"特许经营权协议书"后十日内退还，另1亿元转为建设保证金，在工程建设竣工后返还；未中标者的投标保证金2亿元在招标人发出未中标通知书后十日内退还。

2.　必须承诺在获得开发权后，按规定交纳场馆建设资金并办理相关的用地手续，同时在泉州市（或泉州市政府指定的地区）注册成立项目公司，注册资本金3亿元，注册经营年限为30年，以确保海峡体育中心工程按市委，市政府的要求如期完成建设及农运会后场馆的运营、管理。

3.　投标人应具有较强的投融资能力，应针对海峡体育中心工程的具体情况提出一套完整的投融资、建设、运营计划及项目移交给政府的方案，并以此作为项目评标时的重要依据。投标人必须承诺在取得项目开发权后，所选择的建设单位必须具备大型体育场、馆建设能力或者大型主题社区的开发能力。

4.　必须承诺按照经泉州市政府有关部门审批的规划设计方案进行建设。

5.　海峡体育中心工程必须承诺在2007年12月31以前完工，确保2008年10月顺利举办第六届全国农运会。同时，必须保证每年提供体育场、馆各5次为市政府大型文体活动无偿使用。

6.　必须承认承担海峡体育中心在项目法人开标前政府的代项目业主（市体育局）依法依规按照程序经市级有权机关审批后已发生的合同文件及全部费用，并继续履行与其相关的权利和义务。

7.　必须具备完善的经营管理制度，在近5年内没有市级以上提出警告或通报批评的劣迹，且最近三年无经营亏损。

8.　必须承诺服从市协调小组的全面监督管理。中标单位在获得项目开发权后，应遵守国家、省、市有关法规，服从相关部门的管理，办理各项审批手续，服从质量监督和工期管理；必须承诺当场馆建设进度凡阶段性延误一个月以上，允许泉州市政府无条件以现状作价清盘。

9.　必须承诺除了场馆部分的城市基础设施配套费按规定可享受50%的优惠外，其他的税、费应按国家、省、市规定交纳。

四、招标文件的获得

本次招标文件采取公开发售的方式，每套售价3,000.00元人民币，售后不退。

发售招标文件的时间为：2005年即日起至11月16日正常上班时间。

招标文件的发售地点：泉州市丰泽街信息大厦二层，泉州市计划发展委员会招标办

联系人：张华林，

电话：0595-22175093

传真：0595-22980551

投标人购买招标文件需携带的证明资料：企业营业执照、法人代表证明书、法人代表授权书、法人代表身份证及本人身份证。

投标截止时间：2005年12月6日上午10时整（北京时间）

开标时间：2005年12月6日上午10时整（北京时间）

开标地点：泉州市泉州酒店会议室

本次招标文件的购买和投标文件的递交均不采用邮递方式。

五、招标代理机构：

中化国际招标有限责任公司

地址：北京复兴门外大街A2号中化大厦9层

联系人：张承轩，崔焱

电话：010-88079351

传真：010-88079871

EMAIL：zhangchengxuan@sinochem.com

泉州海峡体育中心BOT运作成功经验

泉州海峡体育中心作为第六届全国农运会的主会场，是近年来国内体育场馆投融资市场化改革中采取BOT方式运作比较成功的场馆之一。海峡体育中心作为一个地级市的体育中心能够采取BOT方式成功运作，其示范价值和意义远远超过奥运场馆的BOT运营，使全国诸多中小城市看到采取BOT方式融资建设体育场馆的希望。总结、归纳泉州海峡体育中心BOT运作的成功经验，主要可以归纳为以下几个方面：（1）捆绑开发；将盈利能力较强的房地产开发项目和商业设施项目与盈利能力较弱的体育场馆混合开发，提高了体育场馆的预期盈利能力。泉州市政府在海峡体育中心的运作过程中，考虑到体育中心的预期盈利能力较弱，将盈利能力较强的房地产开发项目与体育中心进行捆绑开发，即将400亩商用土地与体育中心捆绑，提高了项目的预期盈利能力和市场的关注度，吸引了诸多投资者的投资。（2）投资者自主权较大；在海峡体育中心BOT运作过程中，对于商业用地的使用计划与建设方案等，投资者有充分的自主权，利于调动投资者的积极性。（3）政策支持；海峡体育

中心的项目建设得到了泉州市政府的大力支持，减免了体育中心建设的部分规费。场馆部分的城市基础设施配套费享受50%的优惠。（4）商业配套设施丰富；海峡体育中心BOT运作成功的另一因素是其商业配套设施比较完善，专门建设了商业中心，作为体育中心的配套商业设施，有利于体育中心赛后的运营。

　　备注：在海峡体育中心项目法人招标中最终由福建省海峡西岸投资有限公司中标，由该公司以BOT方式筹资海峡体育中心建设资金。福建省海峡西岸投资有限公司为此专门成立了泉州市海峡体育中心有限公司负责项目的建设和运营。海峡体育中心最终建设内容包括："一场一馆"和全民健身广场及商务中心，总建筑面积99760平方米，总投资10.3亿元。其中体育场建筑面积40753平方米，34000个座位，投资4.05亿元；体育馆建筑面积36030平方米，8188个座位，投资2.89亿元；商务中心建筑面积22977平方米，投资4824万元；全民健身广场包括室外多种健身场地及周边相关配套设施，投资2.88亿元。该中心已于2008年6月2日竣工投入试运行。

第五章　经营城市与大型体育场馆融资研究

20世纪90年代初，我国大连、青岛等城市，在其城市建设与发展中首先引入了"经营城市"这一概念，总结出了具有中国特色的"经营城市"之路。后来，广州、上海、北京等一批大中城市，纷纷把"经营城市"理念作为本地的发展战略。虽然经营城市理念在我国的提出不足20年，但现已汇聚成一股强大的潮流，在全国各地开花结果。各地经营城市的实践极大地促进了城市功能的完善与城市的发展，同时，也有效解决了城市建设与发展资金不足的瓶颈问题，成为各级地方政府提供、建设公共服务设施的主要方式。经营城市作为一种新的城市管理理念和城市建设发展模式不仅促进了各地城市的建设与发展，而且对我国大型体育场馆的建设与发展产生了积极而深远的影响，部分城市积极将经营城市的成功经验运用于大型体育场馆建设的实践，较好地解决了长期以来困扰我国大型体育场馆建设的资金不足问题。本文试就经营城市模式在我国大型体育场馆融资中的应用等问题进行研究，以为大型体育场馆的融资实践提供经验借鉴与理论支持。

第一节　经营城市概述

一、经营城市的概念及其理论基础

关于经营城市的概念，不同的专家、学者从不同的角度对其进行了概括和解释，如有学者认为经营城市对于政府来讲就是一种融资活动（张伟，2003），经营城市的直接结果是加快了城市基础设施的发展。根据中国城市科学研究会对经营城市的理解，认为经营城市是一种政府行为，是把"城市资产"包括城市土地、城市基础设施、城市生态环境、文物古迹和旅游资源等有形的资产，以及依附于其上分名称、形象、知名度和城市特色文化等无形的资产，通过对其使用权、经营权、冠名权等相关权益的市场运作，以获取经济、社会和环境效益，促进城市发展的过程。经营城市的理论依据，在于对城市认识的变换，认为城市是有价值的客观存在。经营城市，就是要把城市有价资本要素如自然资源、基础设施等进行优化组合，使静态的资产富于活力，通过市场化营运，从而达到资产增值，促进城市经济、社会的发展，满足城市居民不断提高的物质和文化生活的需求。

二、经营城市的主体与客体

从经营城市的概念可以看出，经营城市是政府行为，因此，经营城市的主体主要是政府，对经营城市起主导作用，但并不意味着政府是唯一主体。经营城市的过程需要企业的积极参与，借助企业的力量和市场化的运营方式来达到城市增值的目标，同时，市民又是经营城市的决定力量，其文明素质、思想意识和精神状态直接影响和决定经营城市的成效。因此，经营城市应做到"政府主导、企业参与，市民关心"，故政府、企业和市民都应是经营城市的主体。经营城市的客体主要有城市土地、城市基础设施、城市生态环境、文物古迹和旅游资源等有形的资产，以及依附于其上的名称、形象、知名度和城市特色文化等无形的资产，此外，还有从城市有形资产延伸出来诸如各种有限资产的经营权、冠名权等城市延伸资产。

三、关于经营城市的有关争论

虽然经营城市的实践在各地如火如荼的进行，但关于经营城市的负面报道也常见诸于各种报刊、媒体，如部分人认为经营城市就是城市筹集资金的托辞，实质就是卖地生财、认为不应将城市当企业来经营和应停止经营城市的做法等观点。实事求是的说，从各地经营城市的实践来看，经营城市在筹集城市建设资金、完善城市功能、促进城市发展等方面取得了明显的成效，但也不排除部分地方急功近利的短期化行为，经营城市完全变了味，变成了纯粹的违法征地、卖地，变相侵蚀国有资产的严重违法、违纪行为。权衡利弊，认为经营城市的利大于弊，不能因为经营城市过程中出现了一些问题或偏差就对其予以彻底否定，而且，经营城市中出现的问题也并不是经营城市所特有的。

四、经营城市与城市经营的关系

经营城市与城市经营是社会上常见的两种提法，根据多数学者的研究，二者所要表示的是同一个事物和现象，在实质上并无区别，从一定意义上讲，前者侧重于表示一种行为、一种处理事务的方式，而后者侧重于表示一种概念、一种思想。由于本文侧重于经营城市在大型体育场馆融资中的应用，操作性较强，因此，选择经营城市这一提法。

第二节　大型体育场馆运用经营城市方式融资的可行性与积极意义

一、大型体育场馆运用经营城市方式融资的可行性

经营城市在各地的实践中一直作为地方政府提供与建设公共服务设施的主要方式，在我国公共服务设施的建设中得到了广泛的应用。大型体育场馆作为现代城市的重要社会公共事业设施，在目前政府公共财政支出日益增多，财力有限的情况下，利用经营城市方式融资建设大型体育场馆不失为一种理想的融资方式。而且，在我国大型体育场馆的建设中已有长沙新世纪体育中心和北京奥运场馆等诸多成功的先例，为其在大型体育场馆建设中的广泛应用奠定了坚实的基础，并积累了丰富的经验，有利于其在全国范围内的推广。

首先，在我国长期以来大型体育场馆多由政府负责投资、修建，但大型体育场馆动辄数亿元的投入令多数地方政府捉襟见肘。在政府财力有限的情况下，其多提倡运用市场化方式修建大型体育场馆。此时，政府作为大型体育场馆的提供者，可以充分利用其所控制的各种待开发的资源进行市场化运作，通过制度设计，吸引民间资本参与大型体育场馆的投资与建设，缓解和解决大型体育场馆建设资金不足的问题。

其次，虽然大型体育场馆作为一种准公共产品，具有一定的公益性，但其消费却具有一定的排它性，且受益范围、程度在社会成员之间具有一定的差异性，可以按照有偿服务的原则对大型体育场馆的使用者或受益者按照一定标准收取一定的费用。使用者付费机制的建立使大型体育场馆使用者或受益者与投资者之间建立了一种直接的交换关系，即谁受益谁付费，有效解决了大型体育场馆的"搭便车行为"。大型体育场馆使用者付费机制的建立使大型体育场馆具有了一定的现金流，为运用经营城市方式融资建设大型体育场馆提供了可能。

第三，大型体育场馆的占地面积一般比较大，而且在大型体育场馆的周边还规划有许多配套设施，这就意味着大型体育场馆周边有较大面积的土地用于商业开发。实践中，地方政府多在大型体育场馆建设用地中搭配一定面积的商业用地，以吸引民间资本的投资。而土地正是经营城市最重要的资本，通过土地的有偿开发可为大型体育场馆的建设获取大量的建设资金。如中体产业集团参与各地大型体育场馆建设的资金就是主要来源于大型体育场馆配套土地的商业开发，如修建奥林匹克

花园和中奥广场等项目的变现。

最后，虽然目前我国体育场馆的经营状况普遍较差，不具有盈利能力，难以吸引民间资本的投资，但部分大型体育场馆可以借助其优越的区位优势，通过大型体育场馆配套的商业设施或搭配的其他具有盈利能力的设施或资源的经营，而具有一定盈利能力，以提高大型体育场馆投资者的回报率，从而吸引民间资本参与大型体育场馆的建设。

综上，笔者认为当前我国大型体育场馆已具备运用经营城市方式进行融资的可行性，而且经国内诸多大型体育场馆建设的实践证明是可行的。

二、大型体育场馆运用经营城市方式融资的积极意义

（一）缓解和解决大型体育场馆建设资金不足的问题

由于大型体育场馆投资数额大、周期长、回报率低、甚至无回报，加之其自身的特点的影响，民间资本不愿涉足，依靠政府财政的投入难以满足大型体育场馆建设对资金的需求，迫切需要改革传统大型体育场馆建设资金的来源渠道。而经营城市方式运用于大型体育场馆融资实践，通过对大型体育场馆配套土地、存量大型体育场馆资产的盘活、吸引民间资本参与等方式，能够有效缓解和解决我国长期以来大型体育场馆建设资金不足的问题。

（二）促进大型体育场馆投融资体制改革

经营城市方式运用于大型体育场馆融资实践，有助于吸引民间资本处参与大型体育场馆的投资与建设，拓宽大型体育场馆的建设资金来源渠道，促进投资主体的多元化，改变长期以来大型体育场馆建设以政府投资、建设、运营为主的局面，促进大型体育场馆建设资金来源的多渠道，从而促进我国大型体育场馆投融资体制的改革与完善。

（三）盘活大型体育场馆存量资产，充分发挥现有大型体育场馆的资产价值

近些年来，许多地方政府投入大量资金修建了一定数量的大型体育场馆，但这些大型体育场馆长期处于闲置状态，未纳入城市资产的视野，忽视对其的运营。经营城市的理论与实践，将使人们重新认识现有大型体育场馆的价值，通过租赁经营、委托经营、TOT等方式对城市现有的大型体育场馆进行运营，可以盘活大型体育场馆的存量资产，充分发挥现有大型体育场馆的资产价值，而且还可以有效减少政府对于大型体育场馆的运营支出，并可以获得一定的收益。同时，现有大型体育

场馆的运营也可为新建场馆融资，部分实现以馆建馆、以馆兴馆，在一定程度上实现大型体育场馆的自我滚动、自我积累与自我发展。

（四）解决大型体育场馆后期运营问题

大型体育场馆的后期运营问题是一个世界性难题，需要在大型体育场馆设计之初就要考虑其后期的运营问题。采用经营城市方式融资建设大型体育场馆，吸引非公共部门参与大型体育场馆的投资与建设。大型体育场馆的产权得到清晰界定，投资者为获得投资回报，必然关心大型体育场馆后期的运营问题，在大型体育场馆建设的前期，投资者和运营商就参与大型体育场馆的设计，充分考虑赛后的利用与后期的运营问题。而且，大型体育场馆建成后，运营商在利益的驱使下，通过专业化的管理和运营，以市场需求为导向，积极开展各种经营活动，为消费者提供优质多元化的服务，不断拓宽收入渠道，降低成本，解决大型体育场馆后期的运营问题。

（五）有助于政府职能的转变

大型体育场馆经营城市融资的实践要求政府必须从过去大型体育场馆投资、建设等微观管理转向对场馆设施发展规划的制定等宏观管理，做到大型体育场馆管理与经营的分离，扮演好大型体育场馆提供者或安排者的角色，吸引民间资本参与大型体育场馆的投资与运营，将大型体育场馆的投资、建设与运营等具体事务交由市场去办，而自己则专职于大型体育场馆的宏观管理与市场监督，实现政府由"划桨"到"掌舵"的职能的转变。因此，大型体育场馆运用经营城市方式融资有助于政府职能的转变。

第三节　政府在大型体育场馆经营城市融资中的角色定位

由于经营城市为政府行为，政府是经营城市的主要主体，在城市经营中起着主导作用，因此，政府在大型体育场馆经营城市融资中发挥着积极的作用，其角色定位主要表现为大型体育场馆发展规划的制定者、大型体育场馆等城市资产经营的组织者和大型体育场馆的提供者等方面。

一、大型体育场馆发展规划的制定者

科学合理的城市规划是经营城市的先决条件，一个好的规划不仅能够提升城市形象和价值、提高投资商的信心，而且可以展示未来的城市发展前景和项目开发的预期价值，具有整体、长远的综合效益。政府在制定城市发展规划时应将大型体育场馆的发展规划纳入到城市的总体发展规划之中。《体育法》对体育场地设施发展规划的制定也进行了规范，第四十五条规定："县级以上地方各级人民政府应当按照国家对城市公共体育设施用地定额指标的规定，将城市公共体育设施建设纳入城市建设规划和土地利用总体规划，合理布局，统一安排"。因此，政府部门在制定区域发展规划时应充分考虑未来大型体育场馆的建设与发展，为大型体育场馆的建设预留足够的土地，并通过法律等手段保护预留用地不被侵占或改变用途。同时，大型体育场馆发展规划的制定应充分考虑其对所在区域经济和社会发展的影响，以充分发挥大型体育场馆的外部效应，促进当地经济和社会的发展。此外，还应注意大型体育场馆周边的规划与产业布局，以在未来形成互补型的产业链，实现大型体育场馆周边区域多元功能的有效聚焦，推动大型体育场馆所在区域的发展。大型体育场馆发展规划制定以后，其应具有一定的权威性和指导性，以发挥其导向作用，指导大型体育场馆经营城市的实践，吸引民间资本的投资。

二、大型体育场馆等城市资产经营的组织者

由于各城市存量大型体育场馆资产的投资者多为各级政府部门，因此，大型体育场馆等有形资产及其延伸资产的所有者主要是政府。而且，政府作为经营城市的主体，在经营城市中发挥着主导作用，所以政府在大型体育场馆等城市资产的经营中还应扮演着组织者的角色，由政府组织大型体育场馆等存量城市资产的经营工作。此外，根据经营城市的实践，也只能由政府及其所属部门或授权的机构代表其与特许权授予者等民间主体签订协议。如宁波市游泳健身中心委托经营时，就是由该市体育局负责组织公开招标，并且，委托经营合同的双方主体为宁波市体育局和美国西格集团。因此，政府在大型体育场馆经营城市融资中的另一个重要角色即大型体育场馆等城市存量资产经营的组织者。

三、大型体育场馆的提供者

由于大型体育场馆的投资数额大、周期长、回报率低，甚至无回报，而且具有较强的正外部性和自然垄断性，民间资本不愿参与大型体育场馆的投资，这就决定了由政府提供大型体育场馆的必要性。但政府提供大型体育场馆并不意味着必然要由政府投资、建设大型体育场馆。根据公共产品的相关理论，提供与生产是两个不

同的过程，是可以分离的，大型体育场馆的生产（投资、建设）过程既可以由政府部门行使，也可以由非政府部门行使，根据我国政府职能转变的现实，大型体育场馆等公共产品的生产职能将由市场行使。因此，政府应集中精力扮演好大型体育场馆提供者的角色，通过多种制度设计和民营化方式吸引民间机构参与大型体育场馆的投资与建设。政府部门在必要时通过参股、补贴等方式与民间机构共同参与大型体育场馆的生产。

第四节　长沙新世纪体育中心经营城市融资的案例分析

一、长沙新世纪体育中心的基本情况

长沙新世纪体育文化中心地处长沙市中心繁华地段，是第五届全国城市运动会的主会场，也是长沙市的标志性建筑。于2003年建成，总投资约12亿元。体育中心配套建有国际会展中心、体育宾馆、会议中心、贵宾包厢和全民健身等设施，与周边的商业街、商场、网球俱乐部、大型停车场等形成一个相对集中、独具特色的文体活动中心，兼备体育竞技比赛功能、全民健身功能和城市商贸、休闲、娱乐、观光游览等诸多功能。

二、长沙新世纪体育中心经营城市融资的主要思路

新世纪体育中心的总投资为12亿元，巨大的投入对年财政收入仅50亿元的长沙市来讲，政府财力严重不足。虽然长沙市政府决定每年从财政拨款5000万元，3年1.5亿元，但资金缺额仍为十分之九。而且，长沙市委、市政府对新世纪体育中心的建设提出了较高的要求，提出中心的建设要高起点、高品味，力争建成长沙市跨入21世纪的标志性建筑。面对政府财政投入的严重不足，长沙市政府在新世纪体育中心建设资金的筹措上，将资金的取向界定在经营城市与市场运作的思路上，创下了经营城市的成功典范。新世纪体育文化中心在建设前确立了"以馆养馆"的发展思路，从发展体育产业的长远目标来规划，在设计时充分考虑体育中心在赛后的利用与商业开发，并最终将其建成为一个兼备体育竞技比赛功能、全民健身功能和城市商贸、休闲功能的体育文化活动中心。

三、长沙新世纪体育中心经营城市融资的主要方式

长沙新世纪体育中心建设资金主要通过对中心的配套设施进行市场化运营获得，具体方式如下：五城会场馆建设指挥部将体育场体育中心一层7.5万平方米的商业广场和商业步行街，以5亿元的价格一次性置换给长沙市商业银行。商业广场和商业步行街以其一流的建筑与一流的环境，吸引了众多的投资者竞购，其中，4.3万平方米的商业广场被家润多和城运公司以3000万元的年租金租下。体育场内看台上的98个豪华包厢，每间面积40平方米，因设计上既可观摩比赛，又可办公，对此公开拍卖，包厢竞价每间高达180万元，仅此一项即获资金近亿元。利用中心配套用地建设的5万平方米的酒店式体育公寓，一经问世即受到市场的追捧，在竞拍过程中，该公寓以5600元／平方米的均价被抢购一空，仅此一项，又获资金近2亿元。同时，网球俱乐部，不仅有网球场16片，还配套中国体育彩票长沙市全民健身中心，以6600万元的价格被市场抢走。此外，与中心配套的点火塔和摩天轮也通过市场化运作获得了相当可观的收益。

在五城会以后，长沙市将新世纪体育中心的部分优良资产包括东侧一、二层商场、一层商业街、网球俱乐部、会展中心、体育宾馆等6个项目以总价8亿元的资产置换给了长沙市商业银行，并通过置换的资金，用于长沙市的城市建设。12亿元的工程，用少量的政府启动资金，创造了一系列的奇迹，创下了经营城市理念的成功典范。

四、长沙新世纪体育中心经营城市融资的启示与不足

（一）长沙新世纪体育中心经营城市融资的启示

长沙市政府在新世纪体育中心经营城市融资中的成功做法值得其他城市学习与借鉴，给我们带来以下几个方面的启示。

首先，政府在大型体育场馆经营城市融资中发挥了积极的主导作用，在大型体育场馆建设之初就将建设资金的来源定位于经营城市与市场运作，并积极付诸实践，有效解决了大型体育场馆建设资金不足的问题。而且，在对场馆配套设施的经营过程中，政府给予了较大的支持，如长沙市政府赋予场馆建设指挥部房地产开发权等特许经营权（通过公司运作），极大地促进了中心资产的经营开发。

其次，政府的财政投入确保了大型体育场馆建设的正常启动，并在大型体育场馆经营城市融资中起到了良好的引导作用，吸引了大量民间资本的投入。长沙市政府1.5亿元财政资金的投入起到了"种子资金"的作用，吸引了10多亿元的民间投资，创造了经营城市融资建设大型体育场馆的奇迹。

第三，在大型体育场馆建设中配套大量商业设施是经营城市融资成功的关键。新世纪体育中心在建设中配套了商业广场、商业步行街、酒店式公寓和包厢等诸多商业设施，并成功进行运营，获得了较大的经营收益，较好地解决了中心的建设资金筹集问题。

最后，大型体育场馆所处的地理位置对于大型体育场馆经营城市融资有着重要影响。新世纪体育中心经营城市融资成功的一个重要因素就是其所处地理位置比较优越，位于长沙市的繁华地段，区位优势比较明显，便于运营。

（二）长沙新世纪体育中心经营城市融资的不足

虽然长沙新世纪体育中心创造了经营城市融资建设大型体育场馆的奇迹，但在其经营城市过程中也存在一定的不足。一方面，长沙市政府在经营城市融资建设大型体育场馆过程中积极作用的发挥，对于保证大型体育场馆的成功融资起到了不可替代的作用，但政府对大型体育场馆配套设施的市场经营干预过多，亲自参与市场的经营活动和房地产的开发，不利于政企分开，在大型体育场馆建设中仍采用场馆建设指挥部的传统建设管理模式，工程管理与控制专业化水平不高。另一方面，长沙市政府在大型体育场馆经营城市融资中未能充分引入市场运作机制，其他市场主体的作用亦未得到充分发挥，在中心建成后，中心仍由政府负责运营，运营效率底下。以上两方面是为长沙新世纪体育中心经营城市融资的主要不足。

第五节　大型体育场馆运用经营城市方式融资的主要运作方式

根据我国部分城市经营城市的成功经验和现有的利用经营城市融资建设大型体育场馆的成功实践，大型体育场馆运用经营城市方式融资的运作方式主要有以下几种。

一、资产置换

所谓资产置换主要是指利用级差地租理论，根据城市核心区与城郊区、"生地"与"熟地"的地租级差筹措大型体育场馆建设的资金。政府通过城市规划对城市功能进行空间调整和迁移，使老城区和新城区产生地价差，将老城区的城市有形资产置换到新城区开发建设，既满足城市规划的要求，又能获得大型体育场馆建设所需的资金，促进大型体育场馆功能的完善和规模的扩大与发展。资产置换方式主要是将位于城市中心地带的大型体育场馆的土地以市场价格出售，然后在郊区另行征地，并将土地出让金用于修建大型体育场馆。目前，我国各地有相当一部分大型体育场馆位于城市中心地带，由于使用年限较长，功能落后，难以满足大型赛事的需要，加之地处城市中心，发展空间不大，因此，可以通过资产置换方式在新城区建设新场馆，不仅可以满足大型赛事的需要，而且还可以解决新建大型体育场馆的资金问题。如江西宜春市在筹办全国农运会时，投资3000万元新建的游泳馆，其建设资金就是通过对位于该市中心的旧体育中心的资产置换而来的。

二、土地经营

土地是城市的主要国有资产，经营好土地是经营城市的关键，盘活城市土地资产是筹集城市建设资金的重要途径之一。政府在保留城市土地所有权的前提下，通过对城市土地的使用权、经营权等相关权利的市场化运作，解决土地利用效率低下、城市建设资金短缺等问题。土地经营在大型体育场馆经营城市融资中发挥着重要的作用，而且在大型体育场馆建设中，为吸引民间资本的投资，政府一般会配套一定面积的商业用地。因此，在大型体育场馆经营城市融资中应重视对土地的经营。部分城市通过"招、挂、拍"方式对国有土地的使用权进行有偿出让，以获得大型体育场馆的建设资金。如在天津奥体中心建设资金的筹集过程中，天津市政府对天津奥林匹克中心配套区690亩土地经营开发权的公共拍卖，将土地出让获得的17.515亿元资金用于建设奥林匹克中心体育场馆的建设，激活了土地资源，有效解决了奥体中心的建设资金问题。中体产业集团在各地兴建的大型体育场馆也多运用土地经营方式，通过奥林匹克花园的建设融资修建大型体育场馆。

三、通过ＰＰＰ等方式吸引民间资本参与大型体育场馆的投资与建设

虽然我国大型体育场馆的经营状况不理想，盈利能力较差，但其配套设施的经营却具有较高的盈利能力，对民间资本具有一定的吸引力。因此，政府部门可以采用政府参股、BOT等项目融资方式和特许经营方式，通过授予投资者大型体育场馆一定年限的经营权，大量吸引民间资本参与大型体育场馆的投资与建设，以缓解和解决政府对大型体育场馆投入不足的问题，同时，还有助于解决大型体育场馆后期的运营问题。如在北京奥运场馆建设融资中，国家体育场和国家体育馆等大型体育场馆就通过

PPP和BOT等项目融资方式吸引民间资本的投资，北京市政府授予投资者30年的经营权，经营期限届满后，投资者将大型体育场馆的所有权和经营权等无偿转让给政府。

四、有偿转让现有大型体育场馆的经营权

政府在大型体育场馆经营城市融资中经常忽视对现有存量大型体育场馆的运营，而存量大型体育场馆也是政府一笔不小的资产，若能有效运营，也可为新建大型体育场馆及现有大型体育场馆的维修改造融取一笔资金。因此，政府经营城市过程中应重视对存量大型体育场馆的运营，通过TOT、ROT、委托经营、承包租赁等方式盘活存量资产，吸引民间机构参与现有大型体育场馆的投资与运营，不仅可以获得可观的转让收益，还可以减少政府对现有大型体育场馆的运营支出，实现双赢。如宁波市政府对该市游泳健身中心实施委托经营后，不仅每年可以获得不低于150万元的收益，减少了政府对该中心的运营支出，而且还吸引了受托人——美国西格集团对该中心600多万元的投资，可谓是一举多得。

五、大型体育场馆的无形资产运营

在大型体育场馆经营城市融资中还有一笔资产一直被人们遗忘，即依附于大型体育场馆的无形资产，通过大型体育场馆无形资产的运营也可为大型体育场馆的发展融取资金。大型体育场馆的无形资产主要包括冠名权、广告发布权等。大型体育场馆的无形资产是国外大型体育场馆融资和经营的主要渠道，但在我国一直不被重视，其中的原因是多方面的，我们无从探知。目前，国内部分城市的大型体育场馆已进行了冠名权的运作，如步步高体育馆等。相信随着经营城市理念的传播和人们对无形资产认识的深入，大型体育场馆的无形资产运营也将成为其经营城市融资的方式之一。

第六节　经营城市运用于大型体育场馆融资实践中存在的问题及应用建议

一、经营城市运用于大型体育场馆融资实践中存在的问题

（一）重视增量资产运营，忽视存量资产运营

在运用经营城市融资建设大型体育场馆的几个场馆案例中，普遍重视对增量资

产的运营，即重视对新建大型体育场馆及其配套设施的运营，而忽视对现有存量大型体育场馆的运营。其实现有大型体育场馆也是一笔数额巨大的国有资产，若能采取一定方式如租赁经营、委托经营、TOT等对其进行运营，盘活大型体育场馆存量资产，则同样可以为新建场馆融资。

（二）依赖城市土地经营，轻视大型体育场馆运营

我国现有应用经营城市融资建设大型体育场馆中的绝大多数建设资金来源于城市土地的经营，依靠土地或土地依附物的商业开发获得大型体育场馆的建设资金，如中体产业集团建设依托奥林匹克花园建设的大型体育场馆及天津奥体中心等，而对大型体育场馆自身的经营却没有引起足够重视，轻视大型体育场馆的运营，致使我国大型体育场馆的运营仍处于低水平，经营状况不理想。

（三）注重有形资产运营，漠视无形资产运营

我国目前在应用经营城市融资建设大型体育场馆中，普遍注重对大型体育场馆配套设施和商业用地等具有较高盈利能力的设施或资源的商业开发，而对大型体育场馆的冠名权、广告发布权、特许经营权等无形资产的开发重视不够，致使大量无形资产流失。

二、经营城市方式在我国大型体育场馆融资中应用的建议

（一）发挥政府主导作用，吸引市场主体参与大型体育场馆投资与建设

在大型体育场馆经营城市融资中，政府作为经营城市的主体应积极发挥其在大型体育场馆发展规划、政策扶持和制度安排等方面的主导作用，创造有利的投资环境，吸引市场主体参与大型体育场馆的建设。政府应努力扮演好大型体育场馆提供者的角色，将大型体育场馆生产的职能交由市场主体行使，通过PPP、BOT和TOT等方式吸引民间资本参与大型体育场馆的投资与运营，以充分发挥市场主体的作用，弥补政府在大型体育场馆投入方面的不足。

（二）更新政府观念，注重存量资产运营

政府作为经营城市的主体，其观念的更新是非常重要的，不仅要重视增量资产的运营，更要重视存量资产的经营，努力挖掘城市中现有的大型体育场馆的价值，通过出售、转让特许经营权、托管、TOT等多种形式释放体育场馆的存量资产，为

新建大型体育场馆融资。因此，今后经营城市方式应用于我国大型体育场馆融资实践时，应注重对大型体育场馆存量资产的运营。

（三）提高大型体育场馆的经营管理水平，拓宽投资回报渠道

目前我国大型体育场馆运用经营城市方式融资，其实质多为土地或其依附物的经营，土地出让收入及其变现是投资者的最主要的投资回报。大型体育场馆自身的价值被忽略，但体育场馆作为体育产业发展的物质基础，蕴涵着巨大的经济潜能，若能实现体育场馆的多元化、科学化经营，是可以为投资者带来较高的投资回报的。因此，在今后大型体育场馆经营城市融资实践中，应注意提高大型体育场馆的经营管理水平，拓宽大型体育场馆经营范围与收入渠道，形成稳定的、多元化的大型体育场馆投资回报渠道，使大型体育场馆的经营城市融资真正转移到以大型体育场馆的运营为主。

（四）做好大型体育场馆发展规划和土地利用总体规划

大型体育场馆的发展规划对大型体育场馆的发展具有导向性作用，对大型体育场馆经营城市融资实践具有一定的指导意义。因此，各地应根据《体育法》的要求，结合当地的实际，做好大型体育场馆发展规划，并将其建设纳入当地国民经济和社会发展计划。但由于大型体育场馆经营城市融资在我国目前的实践中仍多以土地的经营为主，为保证当前各地对大型体育场馆发展的需求，缓解和解决其投入不足的问题，各地应做好土地利用的总体规划和大型体育场馆用地的长远规划，为大型体育场馆的发展预留足够的土地，并在其周边配套一定的商业用地，以为大型体育场馆经营城市融资提供必要的土地资源。

（五）重视大型体育场馆无形资产的开发

根据经营城市的概念，经营城市的客体不仅包括有形资产，还包括大量的无形资产。在大型体育场馆中也蕴涵着大量的无形资产如场馆的冠名权、广告发布权等，通过大型体育场馆无形资产的有偿出让同样可为其建设与发展融取大量资金。而且，无形资产的价值潜力也是无法估量的，对于大型体育场馆的运营开发具有重要影响。因此，在今后大型体育场馆经营城市融资的实践中应注重对大型体育场馆无形资产的开发，以拓宽大型体育场馆经营城市融资的渠道。

案例1：天津奥体中心体育场经营城市融资建设方案简介[1]

天津奥林匹克体育中心位于天津市西南部，分为竞技区、综合区和住宅区。竞技区占地55.6万平方米，包括大型体育场、水上运动中心和国际体育交流中心、以及已经建成的天津体育馆。新建的体育场位于竞技区中心，四面环水，占地7.8万平方米，建筑面积15.8万平方米，总投资14.8亿元，拥有6万座席、既可满足国际足球和田径比赛要求，还设有健身中心、会议厅、展馆、卖场等多种辅助设施，是融竞技体育和群众休闲、娱乐健身、购物为一体的综合性体育场。而且，该体育场是2008年北京奥运会的分赛场，承担奥运会足球项目的比赛任务。

奥体中心体育场作为天津市的重点工程项目和基础设施建设项目，天津市政府决定在奥体中心的开发中引入"经营城市"的市场化运营模式，政府不出一分钱，其全部建设资金通过经营城市获得。天津奥林匹克中心建设资金的筹措，是由天津天奥体育产业有限公司这一经济实体来进行运作。以体育场为例，天奥公司采取了市场化运作的方式，在市政府支持下按照国际惯例通过对配套区的滚动开发，将征地、拆迁所取得的100公顷土地中的52公顷进行出让，以土地置换资金来解决体育场的建设资金问题。2003年7月，由天津市规划和国土资源局组织了对天津奥林匹克中心配套开发地块（津南奥（招）2003—096号）的邀请招标出让工作。最终由天津顺驰、天津信托、津报集团三方联合体组成的天津融创奥城投资有限公司以17.515亿元中标天津奥林匹克中心配套区的建设经营开发权，成为中标单位。该笔交易也是天津市土地交易史上以有偿方式取得的最大一单的土地。

奥林匹克中心配套区共690亩土地，分为居住区和公建区，考虑到5年后甚至更长的时间里不落伍，这个项目从规划阶段就秉承"国际水平、前瞻性、可操作性"的综合设计方向。从一定角度讲，这个中标规划方案预示了今后都市建筑的风格取向。其居住区定位为顶级住宅，满足都市居民"终极置业"的需要，建筑密度仅为15.25%，突出了鲜明的都市住宅风格。平均为22层的高层建筑，将足够的空间留给绿化和其他景观。高档住宅的外檐力求简洁和现代感，脱离普通住宅的常见样式，而更多贴近公建大厦的体面和气派。公建区追求纯正、纯粹的生态商务氛围，采用模块化设计，定位为"总部基地"，为国内外大企业提供办公空间。与常见的大体量写字楼大厦不同，这里打造了近人的体量，典型的欧洲办公尺度。另外，在外部环境上，充分设计了多层次、多尺度城市开放空间，还有高档、精品化的商业业

---

[1]　根据网络资料和访谈整理而成。

态。创造人与自然、建筑和谐共生，可持续发展，具有国际化水准的综合生态商务区。与奥林匹克中心竞技区一起，共同打造城市新功能中心，展示天津国际化大都市形象。

天津市通过出让奥体中心相邻690亩配套区的经营开发权，将土地出让的资金用于建设奥林匹克中心体育场馆的建设，激活了土地资源，既保证了奥运场馆的建设质量和速度，减轻了政府财政负担。同时，土地交由优秀企业开发经营，可以充分发挥天津顺驰在房地产开发、天津信托在融资，津报集团在宣传和市场推广等方面的市场优势，提高奥体中心配套区的经营开发水平，确保整个奥体中心区域品质的全面提升。作为一个整体，包括竞技区、公建区、住宅区在内的天津奥林匹克中心，将成为一个集6万人体育场、五星级酒店、水上运动娱乐中心、生态商务区、精品商业、顶级住宅为一体的城市新地标。天津顺驰、天津信托、津报集团组成的融创奥城联合体将通过对配套区土地使用权和经营开发权的运营获得相应的投资回报。而且，融创奥城参与奥体中心配套区项目的投标和开发，将大大提升三家股东的品牌形象和市场影响力。

案例2：新亚洲·体育城经营城市融资建设方案简介[1]

昆明市为承办第七届全国残疾人运动会，决定在昆明市东南新城修建一座综合性大型体育中心（新亚洲·体育城），作为残运会的主场馆。为实现体育设施投资多元化，既减轻政府的财政负担，又满足比赛需要，实现可持续利用，为全民健身事业的长远发展奠定坚实基础，政府部门决定在场馆建设中引入经营城市运作模式，面向社会公开招标，让民营企业参与体育大型体育场馆建设，改变传统由政府投资、政府管理的体育公共设施投资单一模式，吸引民营企业投资、建设、运营场馆，预实现昆明经营城市的一次重大创新。昆明市政府最后决定运用经营城市方式融资建设新亚洲·体育城，具体采用土地经营捆绑开发的模式来融资建设体育场馆项目。新亚洲·体育城实行企业市场化运作，即政府不出钱，只出土地和当地政府力所能及的优惠政策，由开发商来承担起公益场馆的建设、投资和赛后运营任务。按照政府的要求，要建一个功能完善的万人体育馆、国际网球中心、国际标准体育场和300套运动员公寓等配套设施，作为补偿，土地的一半允许开发商进行房地产开发。2004年10月，昆明市政府委托中资公司面向全国进行招标，有5家企业报名

---

[1]　根据网络资料和访谈整理而成。

参加，其中4家来自云南当地，再有就是大名在外的中体集团。中体是集团联合投标，包括中体产业、中体投资、中体建设和中体竞技，最后昆明星耀体育运动有限公司以微弱的优势胜出。昆明星耀体育运动有限公司成立于2004年4月，由昆明星耀房地产开发有限公司和云南锡业房地产开发有限公司共同出资组建，其中星耀地产占有84%的股份，上市公司云南锡业占有16%的股份。项目位于昆明东南新城市中心区的新昆洛公路和广福路交汇处，净用地约2200亩，其中用于修建万人体育馆、国际网球中心、国际标准田径赛场等及商业配套的1200亩，另有1000亩可用于住宅及写字楼等物业的开发，总建筑面积约200万平方米。新亚洲·体育城是由昆明星耀体育运动城有限公司投资50亿元人民币承建的超强复合地产，其中，场馆与配套设施建设投入10亿元，房地产开发40亿元，分批开发与建设。项目集住宅、教育医疗、商务办公、商业休闲、运动等五大中心于一体，设施完备，功能齐全。这项投资50亿元承建的复合地产项目，除正在建设的众多住宅小区外，还要建设上规模的商业街、大型农贸市场、超市、电影院、社区文化中心、派出所、幼儿园、学校、医院、超5星级的新亚洲国际大酒店等诸多配套设施，建成后的新亚洲·体育城集住宅、教育医疗、商务办公、商业休闲、运动五大功能于一体，成为设施完备、功能齐全、具备一个城市基本功能、以"运动生活"为主体的现代化的都市。体育城除了田径赛场、万人体育馆等大型场馆之外，还包含了网球场、羽毛球馆、壁球场等小场馆，小区居民以后会在这里健身娱乐，也就解决了部分体育场馆闲置的问题。新亚洲·体育城建成后，将能满足2007年全国第七届残运会比赛需要；满足云南省大型体育赛事和大型表演活动需要；满足昆明市政府南迁呈贡后相关人员的居住需要；满足昆明市东南片区和新区商业配套空缺的需要；满足昆明市建设新昆明大型体育、大型商务中心、大型商业配套的需要。

新亚洲·体育城为星耀集团在诸多领域中创造了第一：第一个民营资本投资建设的政府公益项目——星耀体育中心承办全国综合人型体育赛事第七届全国残运会；中国无障碍通道最完善和最大的体育场馆；第一个拥有国际级体育场馆的社区；中国公益地产第一盘；全国第一大国际网球中心等。

新亚洲·体育城未来良好的发展前景和完善的配套使其开发的房地产项目受到市场的青睐，均价为3300元每平方米，比周边项目高出大概五六百元。在项目开始销售之后的几个月时间里，销售回款已经达到了7个亿。新亚洲·体育城房产项目的热销打消了银行最初的顾虑，纷纷找上门给星耀地产贷款，如建行给予星耀地产1.5亿的信用支持，用于新亚洲·体育城建设。

新亚洲·体育城大型体育场馆建成投入使用后，实行企业化和市场化运作，政府、社会团体或者企业等要在体育城场馆举办大型活动都需要通过租用来实现，实行有偿使用。万人体育馆也完全按照市场化来运作，维护、保养也由企业自己负责，政府不在负担体育场馆的运营和补贴，有效降低了政府的负担，在一定程度上解决了体育场馆的赛后运营问题。

新亚洲·体育城的开发，不仅促使星耀集团完成了由房地产开发商向城市运营商的成功转变，同时为云南房产开发树立了"城市地产运营、规划理念和品牌战略三结合"的标杆典范。

据悉，目前，新亚洲·体育城大型体育场馆建设项目已全部竣工投入使用，房地产开发和配套商业设施项目将陆续竣工投入使用。新亚洲·体育城的开发是昆明市政府和民营企业联手进行的"经营城市"的一次创举和成功的尝试，取得了预期的成功，不仅提升了昆明市体育大型体育场馆的档次和水平，也加快了昆明市城市发展与开发的进程，实现了大型体育场馆建设与城市发展的良性互动与双赢，成就了经营城市融资建设体育场馆的又一佳话。

第六章　大型体育场馆代建研究

随着我国市场经济体制改革的深入和政府投融资体制的转变，大型体育场馆的供给方式逐步多元化，投融资渠道初显多样化，但就我国目前大型体育场馆建设的情况来看，采用市场化方式筹资建设资金的大型体育场馆毕竟是少数。政府仍是大型体育场馆投融资的主体，财政拨款仍是大型体育场馆建设资金的主要来源。大型体育场馆作为政府财政投资建设的公共设施，根据2004年国务院颁布的《关于投资体制改革的决定》（以下简称《决定》）的规定："对非经营性政府投资项目加快推行'代建制'。"北京市政府和奥组委提出要在奥运场馆及相关设施建设项目中推行项目代建制。因此，代建制可能成为今后大型体育场馆建设的主要模式，但国内关于代建制在大型体育场馆建设中应用的研究较为缺乏，尚不能回答诸如代建制较之于传统大型体育场馆建设模式具有哪些制度创新，能够为大型体育场馆建设带来哪些积极的影响，其法律性质如何，在实践中需要注意哪些问题等。理论研究的缺乏在一定程度上制约了大型体育场馆建设代建的实践。因此，实践的需要迫使我们就大型体育场馆建设的代建问题进行研究，以为大型体育场馆建设代建的实践提供理论支持。

第一节　代建制及其在我国大型体育场馆建设实践中的进展

代建制作为对非经营性政府投资项目进行建设和优化管理的一项重要举措和尝试，在大型体育场馆建设领域主要是指由政府委托具有相应资质的项目代建人对大型体育场馆建设的可行性研究、勘察、设计、监理、施工等全过程进行管理，代建单位在代建期间按照合同约定代行项目建设的投资主体职责并按照大型体育场馆建设的工期和设计要求完成建设任务，直至大型体育场馆竣工验收后交付使用人使用的项目建设管理模式。这种建设模式的特点是将大型体育场馆的建设任务由政府委托给专业机构管理，该机构不仅负责组织、设计、施工、材料设备的选择，还直接承担大型体育场馆建设全过程的管理和监督职能，由过去的大型体育场馆建设指挥部等小生产管理方式向项目管理的专业化转变。这种模式能够有效避免传统大型体育场馆建设管理模式下投、建、管、用不分的种种弊端，杜绝以往大型体育场馆建设项目的"三超"（概算超估算、预算超概算、结算超预算）、低效管理、基建腐败等现象。

根据我国现行的非经营性政府投资项目建设程序，在项目批准立项后，有关项目的选址、规划、投资规模和建设内容等事项已基本确定，政府主管部门通过与有相应资质的项目代建人签订项目代建合同，委托代建人进行代建工作。代建单位依据批准了的项目建议书和相关规划要求开展后续工作，主要包括制定代建项目管理规划、进行项目的可行性研究、选择项目的设计、施工及监理等单位、进行项目施工过程管理和项目竣工的验收及交付等工作。

代建制是国家各部委大型体育场馆建设实践中的主要方式之一。自《决定》颁布以来，各级政府部门积极进行代建制的实践，部分地方政府还制定了相应的实施办法。大型体育场馆建设领域也毫不例外，特别是奥运场馆建设项目积极推行代建工作。国家发改委进行代建制试点的第一个项目就是中国残疾人体育综合训练基地建设项目，该项目是2008年北京奥运会配套项目，已被列入国家重点建设项目。国家发改委选择大型体育场馆建设项目作为其推行代建制的第一个试点项目，充分表明国家在大型体育场馆建设中推行代建制的决心和力度。由国家体育总局负责建设的部分奥运比赛场馆如射击馆、老山自行车馆和国家队训练基地等数十个项目，总投资约38亿元，建设规模约54万平方米，全部采用代建方式建设，由国家体育总局委托华体集团代建。

各级地方政府大型体育场馆建设也开始代建试点。北京市政府在其负责的奥运工程建设项目中也积极推行代建制的试点工作，成立了奥运工程代建工作领导小组，专门负责奥运工程建设项目代建工作的管理、协调与监督，负责决策代建工作的重大事项。先后制定了《奥运工程建设项目代建制管理办法（试行）》、《奥运工程建设项目代建工作实施方案（试行）》及《奥运工程建设项目委托代建合同（示范文本）》等文件，对代建单位资格、确定程序、合同签订、履约担保、资金拨付、实施方式、奖罚措施、监督管理等做出了严格规定。北京市政府确定将顺义奥林匹克水上公园、丰台垒球场、北京工业大学体育馆、工人体育场、工人体育馆、曲棍球场、射箭场、网球场、沙滩排球场等9个项目作为第一批代建制的试点项目。目前，奥运大型体育场馆代建项目的各项工作已全面展开，中国科学技术馆新馆则成为北京市最先启动的奥运工程代建项目，该项目位于奥林匹克公园中心区B01地块，占地面积4.84万平方米，总建筑面积10.2万平方米，总投资10.9亿元，通过公开招标确定由北京建工集团负责代建。

江苏省也积极进行社会事业项目代建的试点工作，根据江苏省发改委拟定的《关于政府投资项目实行代建制的暂行规定》，在十运会场馆等江苏省重点实施的10项重大社会事业项目中选择部分项目进行代建制的试点。武汉六城会塔子湖体育中心和广东亚运会游泳跳水馆、网球中心等大型体育场馆建设中均采取代建方式建设。

第二节　大型体育场馆建设项目推行代建制的必然性

一、《决定》及相应地方规范性文件的出台要求大型体育场馆建设项目推行代建制

《决定》要求在非经营性政府投资项目中加快推行代建制，各级地方政府根据《决定》的要求和精神制定了相应的地方规范性文件，如《北京市政府投资建设项目代建制管理办法（试行）》《贵州省政府投资工程项目代建制实施办法》等地方规范性文件明确提出政府投资的公益性项目实行代建制。所谓政府投资项目是指由政府通过财政投资、发行国债或地方财政债券，利用外国政府赠款或国家财政担保的国内外金融组织贷款等方式独资或合资建设的固定资产投资项目。根据我国大型体育场馆建设的现实，大型体育场馆建设项目多为政府投资项目，因此，在其建设过程中推行代建制则成为必然。

二、奥运场馆建设项目的示范效应

奥运大型体育场馆的建设工作对我国大型体育场馆的建设起到了巨大的促动和示范带动作用，成为各地大型体育场馆建设学习的典范。代建制在奥运场馆建设项目中广泛应用，必然引起各级地方政府的关注与借鉴，促进代建制在各地大型体育场馆建设实践中的进展。同时，代建制在奥运场馆建设项目中的实践也为代建制在大型体育场馆建设领域的应用积累了丰富的经验，有利于其在全国大型体育场馆建设中的推广与应用。

三、我国现行大型体育场馆建设管理模式存在诸多弊端

长期以来，我国由政府投资建设的大型体育场馆基本都采用"自己建设，自己管理"的建设管理模式，该模式曾为我国大型体育场馆的建设发挥了积极的作用，

但随着市场经济体制改革的深入和政府职能的转变，该模式暴露出诸多弊端：

首先，政府部门在缺乏相应的专业建设工程管理人员的情况下要抽调人员组成场馆建设指挥部等基建班子，缺乏与大型体育场馆建设管理相关的专业技术、经验和水平，导致外行领导内行问题，难以有效发挥建设管理职能。同时，在政府部门工作人员编制较少的情况下，抽调工作人员组成基建班子，严重影响了政府部门工作的正常运转。此外，项目结束，基建机构即行解散，只有一次教训，没有二次经验，造成了人、财、物和信息等社会资源的极大浪费。

其次，大型体育场馆由政府部门自建自用，容易导致所有者与使用者的责任与利益相分离，使用单位受自身利益的驱动，极易造成争项目、争资金，导致投资失控、"钓鱼"工程和超规模、超标准建设等现象的产生。如南京奥体中心就是采用自建自管模式建设的，由体育行政部门及相关部分成立工程指挥部，南京奥体中心的投资预算为21亿元，但实际决算为25亿元，投资超支4亿元。超规模建设和投资超支问题已成为大型体育场馆建设领域的通病。

最后，由政府部门自建自管的建设管理模式难以得到有效的监督，容易滋生腐败和寻租行为，致使建设管理过程中的违法、违规问题层出不穷。

因此，鉴于现行大型体育场馆建设管理模式存在的上述诸多问题，有必要对其建设管理模式进行改革，在目前情况下，代建制则成为其改革的理想选择。

四、代建制可有效解决现行大型体育场馆建设管理模式存在的诸多问题

首先，由政府部门委托有资质的项目代建人负责大型体育场馆的可行性研究、勘察、设计、监理、施工等代建工作，为大型体育场馆建设提供专业化的代建服务，解决了现行大型体育场馆建设管理模式下外行领导内行的问题，实现了建设项目管理机构的专业化，有助于代建单位专业技能的发挥，提高大型体育场馆建设项目的管理水平。同时，也避免了抽调政府部门工作人员组建基建班子，减轻了对政府工作的影响。

其次，代建制将现行大型体育场馆建设管理模式中的"建、用合一"改为"建、用分开"，割断了建设单位与使用单位之间的利益关系，使用单位不直接参与建设，减轻了使用单位对大型体育场馆建设的影响，从而有效控制大型体育场馆的投资规模，提高财政资金的使用效率。

第三，代建制解决了过去大型体育场馆建设阶段项目责任主体不明，责任不

清的问题。以合同的形式，界定了投资者、建设管理者、使用者等各方当事人的责权利，从而建立起有效的激励与约束机制，代建人出于自身利益的考虑，从质量、工期、造价及安全等方面入手，对项目的预期目标实行严格控制和有效约束，减轻了人为因素对大型体育场馆建设的影响，从而有效解决超规模、超标准、超投资等"三超"现象。根据华伦投资公司的调研，迄今为止，我国政府投资工程已实施的"代建制"项目，投资全部被控制在概算范围之内。

最后，代建制建立了政府、代建人和使用单位三者之间的相互约束的监督机制，在施工单位、监理单位、主要设备、材料的选择上均能严格执行国家有关招标投标、合同管理、监理等方面的法规，在一定程度上避免一方说了算的现象，有助于解决大型体育场馆建设中的腐败和寻租行为。

综上，无论是从我国大型体育场馆建设实践的需要，还是从国家和地方政府有关政府投资项目的相关立法来看，大型体育场馆建设项目推行代建制有其必然性。

第三节　大型体育场馆代建的特殊性

代建制在我国大型体育场馆建设中已有一定的实践，结合国内大型体育场馆代建的实践，其在大型体育场馆建设中的特殊性主要表现在以下几方面：

一、大型体育场馆代建项目对代建人的资格要求较高

由于大型体育场馆的建设规模大，建设工艺比较复杂，施工技术难度较大，因此，在选择代建人时，对代建人的资格要求要高于一般代建项目，一般要求代建人具有相应的大型体育场馆建设管理的经验和与代建项目相适应的资金实力。国内具有大型体育场馆建设管理经验的建设管理企业相对较少，加之大型体育场馆的投资规模较大，动辄数亿元的投入，要求代建人出具的履约担保金额高达上亿元，一般的代建人很难达到此条件。如北京市制定的《奥运工程建设项目代建制管理办法（试行）》中对负责奥运代建工程项目的代建单位的资格要求包括以下4个方面：（1）具有工程设计资质、或监理资质、或工程咨询资质、或工程造价咨询资质、或招标代理资质乙级以上(含乙级)，或施工总承包二级以上资质(含二级)；对资质的要求，根据工程项目的具体情况，在招标文件中进行约定；（2）具有与同类工程建设管理相适应的组织机构和项目管理体系；（3）具有与工程建设规模和技术要求相适应的技术、造价、财务和管理等方面的专业人员，并具有从事同类工程建设管理经

验；（4）具有与项目相适应的资金实力。上述四个条件必须同时具备。因此，从上述分析来看，大型体育场馆代建对代建人的资格要求相对较高。

二、大型体育场馆代建项目对建设工期的控制非常严格

大型体育场馆代建项目对建设工期的控制非常严格，工期的延误甚至会影响到国家或所在地区的形象。如雅典奥运会筹备期间，雅典奥组委一度曾因奥运场馆建设进度缓慢而受到国际奥委会的黄牌警告。这主要是由于大型体育场馆代建项目主要是为了满足承办大型赛事的需要，赛事开幕的时间是确定的，大型体育场馆的建设工作必须在赛事开幕前一段时间结束，否则，赛事则无法正常举行，因此，大型体育场馆代建对建设工期的要求非常严格。在传统大型体育场馆建设管理模式下，为了赶工期，政府部门甚至会不惜一切代价，导致大型体育场馆建设的投资不断突破预算。

三、大型体育场馆代建项目对代建人的惩罚措施较为严厉

由于大型体育场馆代建项目的公益性较强，多为当地的标志性建筑，关系到地方政府的形象。因此，政府部门为了激励代建人努力工作，使其按照政府的最佳利益行为，使代建人的行为符合政府既定的目标，减少代建人的机会主义行为和相应的损害政府利益的行为，政府在代建合同中加重了对代建人违法或违约行为的惩罚力度，规定了更为严厉的惩罚措施，以避免由于信息不对称而带来的代建人的逆向选择和道德风险问题《奥运工程建设项目代建制管理办法（试行）》中较之于其他代建项目还规定了更为严厉的惩罚措施，即将代建单位的违法或违约行为作为不良行为记入市建设行业信用系统，并进行相关信息披露。情节严重的，降低资质等级，直至吊销资质证书。

第四节　大型体育场馆代建的制度创新

一、大型体育场馆代建与工程项目管理服务和工程总承包的异同

大型体育场馆代建与现有大型体育场馆建设过程中的工程项目管理服务和工程总承包从表面上看具有很多相似之处，但实质上还是有一定差异的。从代建制与工

程项目管理服务和工程总承包的概念来看，他们的联系与区别主要表现在以下几个方面：

首先，工程项目管理对于项目投资人来讲，是在合同范围内为投资人提供的一种技术性管理服务，工程总承包则是为投资人提供技术性与一般性劳务相结合的服务。在这一点上，代建单位的代建工作与工程项目管理相同而与工程总承包则有所区别。

其次，在工程项目管理中，项目管理企业的管理行为是代表投资人，以投资人的名义做出的；而在工程总承包中，总包企业除了以自己的名义完成承包范围内的工作外，对从自己这里分包工程的分包企业的管理和协调也是以自己的名义而非代表投资人进行。在这一点上，代建企业完全以自己的名义完成工程建设及其管理的操作方式与工程总承包相同而与项目管理有所区别。

第三，与项目管理和工程总承包一样，工程项目的"代建"从根本上讲也是一种适应市场经济发展和社会专业化分工的工程建设方式，我国将其作为政府投资公共工程建设的制度化范式，无疑是符合我国的现实的。

二、大型体育场馆代建的制度创新

（一）以招投标制为手段，引入专业代建单位

代建制以招投标制为手段，引入市场竞争机制，确定专业代建单位，通过代建单位专业化的管理力求克制政府投资项目的资源浪费、投资效率低下等问题，解决了传统大型体育场馆建设管理模式下的非专业管理问题，提高了大型体育场馆建设的管理水平和投资效率。

（二）以合约为基础，明确政府、代建单位和使用者之间的责权利

政府、代建单位和使用者三者之间通过合同约定各自的责任、权利和义务，产权得到了清晰界定，使合同各主体之间的责权利具有刚性约束，政府的投资预（概）算等指标作为合同的内容，成为具有法律约束力的刚性指标。合约中有关代建人激励与约束机制的建立，使代建单位的收益与其控制大型体育场馆的建设支出密切相关，极大地调动了代建人控制大型体育场馆建设成本的积极性，有效解决了长期以来政府投资预算的软约束问题，从根本上解决了大型体育场馆建设的超投资预算问题。

（三）赋予代建人项目法人地位，解决所有者代表缺位问题

政府部门通过委托合同授予代建人项目法人地位，使其为出资人补位，解决了因委托链条过长和所有者缺位所引发的政府投资项目的寻租行为。虽然工程项目管理服务和工程总承包可以满足大型体育场馆建设专业化管理的需要，但无法解决我国现行体制下所有者代表缺位问题，而代建制即可以满足专业化管理的需要，同时又较好的解决了政府投资所有者缺位和预（概）算软约束等深层次矛盾，是为我国社会主义市场经济条件下政府投资体制改革的一项制度创新。

上述制度创新的正常运行，需要以下几个方面条件的有力支撑，否则，大型体育场馆代建的制度优势将难以发挥。

首先，代建单位除了应具备相应的资质外，其必须是符合现代企业制度的独立法人，即必须形成与政府相区别的另一产权主体，否则，大型体育场馆的代表者缺位问题难以解决，代建制的制度优势也就难以发挥。

其次，政府必须以委托合同的形式赋予代建人项目法人地位，而不应局限于业主代表或业主职能延伸的咨询顾问角色。代建人要根据代建合同行使代建项目法人的权利，并承担相应的义务，并根据合同的约定，可以拒绝政府投资部门和大型体育场馆使用单位对大型体育场馆建设的不正当干预，以保护自身的合法权益。

最后，大型体育场馆的代建合同应由政府投资部门与代建单位签订，而非大型体育场馆使用单位，否则，使用单位与代建单位之间又有可能形成传统的甲、乙关系，投资预（概）算的软约束将无法解决。

第五节　大型体育场馆代建合同的法学分析

一、大型体育场馆代建合同的法律性质分析

关于代建合同的法律性质，不同的学者有不同的认识，有学者认为代建合同是委托代理合同，另有学者认为代建合同是特殊的委托合同。同时，也有部分学者提出应根据代建的具体模式就其法律性质进行分析，如梁慧星教授在分析、梳理各地代建模式的基础上，对各种代建合同的性质进行了分析。就大型体育场馆代建而言，根据《奥运工程建设项目代建制管理办法（试行）》的有关规定及我国大型体

育场馆代建的实践，笔者认为大型体育场馆代建合同，其法律性质为多方合同（三方合同），而非委托代理合同。

首先，委托合同为双方合同，仅涉及委托人和受托人，而大型体育场馆代建合同则涉及三方主体，而非双方主体，即投资者、代建人、大型体育场馆使用单位。

其次，根据《合同法》第402条的规定："受托人以自己的名义，在委托人的授权范围内与第三人订立的合同，第三人在订立合同时知道受托人与委托人之间的代理关系的，该合同直接约束委托人和第三人，但有确切证据证明该合同只约束委托人和第三人的除外。"依此规定，代建人与大型体育场馆建设承包商签订的合同可以直接约束投资人，这与大型体育场馆代建实践不符。因为，根据大型体育场馆代建的有关规定和实践，投资人并不与建设承包商发生联系，所有工作均有代建人以自己的名义完成，而且，代建人承担相应的法律后果，相关的承包及各项工作费用均由代建人支付。

第三，根据一般委托代理合同的规定，委托人对于受托人处理委托事务所产生的债务，委托人负有清偿的义务，但根据大型体育场馆代建的实践，对于代建人（受托人）在大型体育场馆代建中产生的债务，投资人（委托人）不负有清偿义务。

最后，根据大型体育场馆代建的实践，代建合同中就投资人、代建人、使用单位三方主体的权利和义务进行了明确的约定。综上，笔者认为大型体育场馆代建合同为三方合同，而非委托代理合同。

二、大型体育场馆代建合同中各方主体法律关系的分析

（一）投资人与代建人之间为特殊的委托关系

根据大型体育场馆代建的实践和《奥运工程建设项目代建制管理办法（试行）》的有关规定，笔者认为投资人与代建人之间为特殊的委托关系。投资人与代建人之间的委托关系也是大型体育场馆代建合同的基础关系。

首先，代建人受投资人的委托为大型体育场馆代建事务，在这一法律关系中仅涉及两方主体，而且代建人根据投资人的委托处理投资人的大型体育场馆建设事务，这符合合同法关于委托合同构成要件的相关规定。

其次，大型体育场馆代建中，代建人以自己的名义签订对外合同，包括大型体育场馆施工合同、采购合同等，代建人是对外债务人，投资人不与项目供应商直接发生债权债务关系。而且，投资人也不负有对代建人债务的清偿义务。因此，投资人与代建人之间为一种特殊的委托关系。

（二）使用单位与代建人之间为协作与监督关系

根据大型体育场馆代建的实践及奥运场馆代建标准合同的约定，大型体育场馆使用单位与代建人之间为协作与监督关系，二者之间的法律关系来源于代建合同的约定。其协作关系表现在：（1）根据项目建议书批准的建设性质、建设规模和总投资额，提出大型体育场馆的使用功能和建设标准。如在奥运场馆建设中，使用单位应按照北京奥组委《奥运工程设计大纲》的要求，提出奥运场馆使用功能配置、建设标准以及满足工程建设需要的各种资料等；（2）协助代建单位办理各种审批手续；（3）负责大型体育场馆建设中自筹资金的筹措。其监督关系表现在：（1）参与大型体育场馆设计的审查工作及施工监理招标的监督工作；（2）监督代建项目的工程安全、质量和施工进度，参与工程验收；（3）对政府资金使用情况进行监督等。

三、不同主体在大型体育场馆代建合同中的权利与义务

（一）投资人在大型体育场馆代建中的主要权利与义务

投资人在大型体育场馆代建中的权利主要表现在以下几个方面：（1）代建人选择权；政府投资部门有权根据使用单位提出的使用和功能要求，选择专业的工程建设单位（即代建人），并委托其进行大型体育场馆的建设；（2）监督权；投资人有权监督大型体育场馆建设的过程，对代建人的招标活动进行监督，并有权对政府财政资金的使用情况进行监督；（3）知情权；投资人有权要求代建人报告工程的进展情况和资金的使用情况等。投资人的义务主要表现在：（1）协调义务；投资人应负责协调代建人、使用人及与代建项目有关的各级政府行政主管部门的关系；（2）组织验收义务；投资人应在大型体育场馆建设完工后及时组织代建项目的竣工验收和移交工作；（3）资金拨付义务；投资人应根据工程进展情况及时拨付代建人工程款及代建费用；（4）评价义务；在代建工作完成后，投资人应对代建人进行客观、全面、公正的绩效评价，并兑现相关奖励条款。

（二）代建人在大型体育场馆代建中的主要权利与义务

代建人在代建合同中的主要权利为：（1）承包单位选择权；代建人享有根据代建合同的约定选择大型体育场馆设计、施工等承包单位的权利；（2）资金管理权；代建人享有对大型体育场馆建设资金的使用进行管理的权利。代建人的主要义务为：（1）提供履约保函义务，代建人应根据投资人的要求提供代建项目的银行履约保函；（2）汇报义务；代建人应按照合同约定的方式和时间及时向投资人汇报招标

情况及建设进度；（3）移交义务；代建人应在大型体育场馆竣工后及时将设施移交给使用单位，并办理相关交接手续及保修手续等。

（三）使用单位在大型体育场馆代建中的主要权利和义务

根据大型体育场馆代建的实践和奥运大型体育场馆代建的有关规定，代建的大型体育场馆使用单位在代建合同中的主要权利为监督权和知情权，其义务主要为根据投资人批复的投资概算提出大型体育场馆的主要功能需求及自筹资金的筹集等义务。

第六节　大型体育场馆代建实践中存在的问题及发展建议

一、大型体育场馆代建实践中存在的问题

代建制不论是在大型体育场馆建设中，还是在其他项目建设领域都处于试点和探索阶段，其在实践中存在以下几个方面的问题，这些问题对于完善今后大型体育场馆的代建工作具有一定的实践意义和参考价值。

（一）代建费用过低

虽然代建制在我国已经试点多年，但关于代建费的收取标准迄今尚没有统一的规定，按照财政部有关文件的意见，代建费比照建设单位管理费计取，即不超过项目总投资的2%，该规定导致代建费的收取标准过低，难以调动优秀代建人的积极性。此外，部分地方政府投资部门在公开招标选择代建人过程中，过于注重代建费用这一指标，部分建设管理水平较低的代建人为了竞标成功，恶意降低代建费，导致代建人选择的"柠檬市场"，极大地损伤了高水平代建人参与代建的工作积极性，不利于吸引高素质代建人才参与代建工作，致使政府投资项目的建设质量和管理水平难以提高。而且，代建费用过低，极易引发代建人的逆向选择和道德风险，将其风险转嫁到大型体育场馆的建设管理方面。

（二）履约担保金过高

在我国代建实践中一般要求代建人提供代建项目投资总额10%～30%的履约担保，其目的在于约束代建人的行为，保证代建合同的履行。项目投资总额10%～30%的履约担保对于目前我国各类代建从业单位而言，比例过高。如奥运场

馆代建项目，北工大体育馆需代建人具有提供1498万元银行履约保函的能力，广州亚运会代建项目广东省游泳跳水馆则要求代建人具有提供2465万元银行履约保函的能力。目前，我国各类代建单位规模普遍较小，而且多为建筑管理咨询类企业，其注册资本相对较小，难以提供委托人所要求的履约担保。高比例的履约担保在一定程度上造成了项目代建市场的准入障碍，限制了部分有建设经验，但资金缺乏的代建人参与项目代建工作。

（三）制度惯性约束

在我国代建实践中，传统建设管理模式的制度惯性依然存在，政府部门角色尚未完全转变，尚不能根据代建合同的约定行使权利和履行义务，对代建人的建设管理工作干预过多，政府部门管了许多不该管的事情，严重限制了代建人职能的发挥，致使代建制的制度设计优势难以有效发挥作用。部分政府投资部门狭碍地认为代建人的作用主要是控制使用单位的行为，控制投资规模，减少不必要的浪费，因此，他们亲自指定施工单位和材料供应单位，项目建设中的腐败现象和寻租行为再度泛滥，致使项目建设的质量和投资规模难以得到有效控制，无形中加大了代建人的风险。部分项目使用单位的"钓鱼"心理依然存在，对代建人的工作横加干涉，通过各种官方渠道不断提高项目建设的规模、提出新的功能要求，致使项目建设的投资规模一再突破预算。

（四）绩效考核标准单一

考察国内各地关于代建的立法及代建实践，可以发现，政府部门对代建人的绩效考核主要局限于工程投资规模的控制，即工程竣工后决算投资比预算投资有节余的，政府投资节余资金的30%可作为对代建人的奖励。而代建人在工程建设过程中应用新技术、新工艺、新方法使工程节能、节水和工期缩短以及获得有关部门质量方面奖励等却无相应的考核标准，也无相应的奖励措施，这不利于调动代建人在这些方面的积极性，也不利于代建项目建设质量的提高。

二、推进我国大型体育场馆代建工作的建议

（一）积极推进大型体育场馆建设项目的代建工作，加大其实施力度

鉴于我国现行政府投资大型体育场馆建设管理模式存在的诸多不足及代建制对于大型体育场馆建设的积极意义，根据《决定》和各地有关代建制的规定，在今

后由政府部门投资建设的大型体育场馆应积极采用代建方式建设，并加大其实施力度，依靠代建人的专业建设管理和代建制制度设计的优势，提高大型体育场馆的建设质量，以解决长期以来大型体育场馆建设领域的超规模建设和投资超支问题。

（二）借鉴、推广奥运场馆建设项目代建经验

在奥运场馆项目中由中央政府部门负责投资的大型体育场馆几乎全部采用代建方式建设，这些代建项目也是我国首批大型体育场馆代建的试点项目。相关部门应注意对项目代建经验的积累与总结，对于一些成功的经验和做法应予以整理，并积极在全国范围予以推广，以推动大型体育场馆的代建工作。同时，由于大型体育场馆代建工作的特殊性，具有大型体育场馆代建经验的市场主体数量较少，因此，部分具有大型体育场馆代建经验的代建主体如华体集团等企业，应积极承担起推进推动大型体育场馆代建工作的责任，以为各地大型体育场馆的建设提供专业化的代建服务及咨询服务。

（三）优化代建费用制度以吸引专业代建主体

在大型体育场馆代建过程中应充分考虑我国目前代建实践中存在的代建费用过低问题，适当提高代建费用，以提高代建人的积极性，吸引专业代建单位和高素质的工程管理人员参与大型体育场馆代建工作，以提高大型体育场馆建设的管理水平和质量。在公开招标选择代建人过程中，应注意避免低价中标的评审办法，适当降低代建费用这一指标所占的权重，以代建人的代建方案和技术管理人员的经验和素质等综合、择优确定代建人。

（四）系统规划大型体育场馆代建项目的后期运营问题

一般代建项目的代建人较少考虑后期的使用和运营问题，但由于大型体育场馆的特殊性和后期运营的困难，代建人在设计大型体育场馆时应充分考虑大型体育场馆后期的运营问题，否则，大型体育场馆后期的运营和维持支出将成为政府深重的包袱。因此，代建人在设计大型体育场馆时也应充分考虑赛后大型体育场馆功能的发挥，而不应仅仅考虑赛事的需要，毕竟大型体育场馆用于赛事的时间是较少的。同时，使用者在向代建人提出功能要求时，也应注意考虑大型体育场馆后期的运营问题，以使大型体育场馆的设计与建设便于其后期的运营。

（五）完善大型体育场馆代建的激励与约束机制

代建制能够有效克服"三超"问题，在很大程度上要归功于代建合同的激励与约束机制，因此，在大型体育场馆代建中应逐步完善其激励与约束机制。

首先，在对代建人的约束方面，履约金作为对代建人的主要约束手段，能够有效防范因代建人行为不当而引起的风险，加强政府投资部门对大型体育场馆建设过程中风险的控制，从预期责任的角度促使代建人按照政府的利益行事。因此，在代建合同中要求代建人提供一定比例的履约金是合理而且是非常必要的。鉴于我国代建单位资金规模较小，难以提供一定比例的履约金的现实，鼓励由多家具有相应资质的单位组建代建联合体，以提高其承担风险的能力，从而解决代建单位难以提供履约担保的问题。如奥运场馆北京工业大学体育馆建设实施阶段代建人招标合同中就提出接受申请人以联合体方式参加该工程项目代建人招标的资格预审和投标。

其次，在对代建人的激励方面，应逐步改变现有的以投资节余为主的激励机制，参考PMC项目管理激励方式，建立较为完善的包含投资节余、工期、质量、设计（便于后期运营）、新技术或节能技术应用等方面的综合激励指标体系，以激励代建人控制投资规模、缩短工期、积极采用节能技术、提高大型体育场馆的建设质量和综合性能。

最后，代建合同的激励机制不仅应调动代建人的积极性，还应调动使用者的积极性，以提高使用者配合大型体育场馆建设的积极性，并加强其对大型体育场馆建设质量和资金使用情况的监督。因为没有使用者的积极配合，代建人单方面节约建设投资的愿望是难以实现的。因此，在代建合同激励机制的设计上应适当考虑使用者的利益，如给予使用者一定数额的管理费用或在大型体育场馆建设项目投资节余的分配上给予使用者一定比例的分成等。

（六）建立和完善大型体育场馆代建的风险分散机制

大型体育场馆代建通过其制度设计将大型体育场馆的建设风险转移给代建单位，代建单位几乎承担了大型体育场馆建设的所有风险，风险过高，不利于风险的分散与控制。因此，在今后的大型体育场馆代建实践中，应逐步建立和完善大型体育场馆代建的风险分散机制，鼓励代建单位通过建立工程保险和工程担保等制度，分散代建单位风险，或通过组建联合体方式，提高代建人的抗风险能力，分散代建风险。同时，政府投资主管部门也应加强对大型体育场馆代建工作的风险管理，以有效控制大型体育场馆代建的风险。

三、大型体育场馆代建对解决我国大型体育场馆运营困境的一点启示

大型体育场馆代建以其巧妙的制度设计优势较好地解决了大型体育场馆在建设

期间因公共资金委托链条过长和所有者代表缺位而引发的投资超支和腐败等一系列问题，通过合约使产权得到了清晰界定，建立了较为完善的激励机制。但遗憾的是在大型体育场馆竣工以后，在传统的大型体育场馆管理模式下，大型体育场馆交付给使用者管理（多为体育行政部门及其下属机构），其产权再度模糊，并进一步加长了公共资产的委托链条，所有者再度缺位，无人真正为大型体育场馆的使用及运营负责，致使大型体育场馆陷入运营困境。代建制在解决大型体育场馆建设期间所有者缺位的制度创新启示我们解决大型体育场馆运营困境的根本在于明晰产权（产权本身就是一种激励，能够为其所有者带来利益），解决所有者缺位问题，而该问题的解决依赖于私人产权的介入或良好的激励机制的建立，二者虽然形式不同，但殊途同归。

附件：奥运工程建设项目代建制管理办法（试行）

一、总　　则

第一条　为深入贯彻《国务院关于投资体制改革的决定》提高政府投资项目的建设管理水平和投资效益，保证项目的工程质量，依据国家有关法律、法规和规定，结合奥运工程的实际情况，特制定本办法。

第二条　凡使用市、区政府资金建设的市属奥运工程，包括比赛场馆、训练场馆及其相关配套设施，均适用本办法。使用其它资金建设的工程，可参照本办法执行。

第三条　本办法所称代建制，是指项目投资管理单位，通过招标的方式，选择专业化的项目管理单位(以下简称代建单位)承担建设项目的组织建设和资金管理工作，并按照国家有关规定和合同约定的要求，在完成该建设项目后按规定交付的工程建设制度。

第四条　代建项目的管理方式，可以分别委托代建单位进行前期工作代建和建设实施代建，也可以委托一个单位负责对建设项目进行全过程管理。新建和临建场馆宜采用全过程管理的代建方式，改建、修缮场馆宜采用前期工作代建和建设实施代建二阶段管理的代建方式。

第五条　项目投资管理单位负责代建制的管理工作，并依法接受市有关行政管理主管部门的监督管理。

二、代建单位资格

第六条 负责奥运工程项目的代建单位必须同时具有以下条件：（一）具有工程设计资质、或监理资质、或工程咨询资质、或工程造价咨询资质、或招标代理资质乙级以上（含乙级），或施工总承包二级以上资质（含二级）；对资质的要求，根括工程项目的具体情况，在招标文件中进行约定；（二）具有与同类工程建设管理相适应的组织机构和项目管理体系；（三）具有与工程建设规模和技术要求相适应的技术、造价、财务和管理等方面的专业人员，并具有从事同类工程建设管理经验；（四）具有与项目相适应的资金实力。

第七条 满足第六条要求的两家或两家以上单位可组成代建单位联合体进行投标。

三、代建单位确定程序

第八条 项目投资管理单位通过招标方式确定一家具有相应资质的招标代理机构，由招标代理机构按照招投标法等有关规定，依法组织实施代建单位的招投标工作。

第九条 招标代理机构负责编制招标文件，组织招标、评标等工作。

第十条 评标完成后，招标代理机构提出评标报告和中标候选人，报项目投资管理单位确定中标人。

第十一条 确定代建单位的整个招投标过程接受市监察、审计部门的全过程监督。

四、代建合同签订明

第十二条 经招标确定代建单位后，项目投资管理单位与中标的代建单位、使用单位依法签订《项目代建合同》，明确代建项目的范围、标准、形式、时限、安全、质量、造价控制，权利和义务、报酬、奖励惩罚等内容。

第十三条 《项目代建合同》签订前，建设实施代建单位应提供履约担保，以保函形式出具，担保金额为工程投资的10% — 30%。具体履约担保方式和金额，在项目招标文件中载明。

第十四条 代建单位的代建费用通过招标确定，具体额度在代建合同中明确约定。代建管理费用标准根据代建内容比照《北京市基本建设财务规定》的建设单位管理费标准核定，代建管理费用计入代建项目建设成本；前期工作代建单位管理费和建设实施代建单位管理费，最高可按管理费总额的3：7比例确定。

五、代建单位和使用单位主要职责

第十五条　前期工作代建单位的主要职责：　（一）会同使用单位，依据项目建议书批复内容组织编制项目可行性研究报告；　（二）组织开展工程的勘察、规划设计工作。按照《工程建设项目勘察设计招标投标办法》和北京市的有关规定，通过有形建筑市场，组织开展工程勘察、规划设计，等招投标工作，并将招投标书面情况报告和中标后签订的合同报项目投资管理单位备案；改建、修缮场馆的勘察、设计工作，根据场馆的具体情况，另行确定。　（三）组织开展项目初步设计文件编制、专家会审及修改工作；　（四）办理项目可行性研究报告审批、土地征用、房屋拆迁、环保、消防等有关手续报批工作

第十六条　建设实施代建单位的主要职责：　（一）组织施工图设计；　（二）组织开展工程建设工作。按照招标投标法和北京市的有关规定，通过有形建筑市场，组织施工、监理和与工程有关的重要材料、设备采购等招投标工作，并将招投标情况报告和中标合同报项目投资管理单位备案；　（三）负责办理年度投资计划、完成项目开工和竣工验收所需的各项手续；　（四）负责工程合同的洽谈与签订工作，对工程建设实行全过程管理；　（五）负责按项目进度提出投资计划申请，并按月向项目投资管理单位报送工程进度和资金使用情况；　（六）组织工程竣工验收，负责将项目竣工及有关技术资料整理汇编移交，组织编制工程决算报告，并按批准的资产价值向使用单位办理资产交付手续。

第十七条　使用单位的主要职责：（一）根据项目建议书批准的建设性质、建设规模和总投资额，按照北京奥组委《奥运工程设计大纲》的要求，提出项目使用功能配置、建设标准以及满足工程建设需要的各种资料等；　（二）协助代建单位办理各种审批手续；　（三）参与项目设计的审查工作及施工监理招标的监督工作；　（四）监督代建项目的工程安全、质量和施工进度，参与工程验收；　（五）负责项目中自筹资金的筹措。

六、资金拨付、管理与监督

第十八条　代建单位按照经批准的初步设计投资概算严格控制建设资金的使用。凡因工程建设及规划设计需要导致项目扩大规模、增加内容、提高标准的，其投资增加额不得超过已批准投资的3%，其建筑面积增加额不得超过已批准面积的5%。超过限额的建设项目，须报项目投资管理单位审批。严禁在施工过程中利用施工洽商或者补签其他协议随意变更建设规模、建设标准、建设内容和总投资额。

第十九条　代建单位根据实际工作进度和资金需求，提出资金使用计划，报送项目投资管理单位，经审核后，按照有关规定拨付资金，其中涉及政府投资的，由市财

政局按照国库集中支付的有关规定办理资金拨付手续。

第二十条 代建单位应严格执行国家和北京市的建设单位财务会计制度，严格资金管理，专款专用。

七、奖罚措施

第二十一条 代建单位未能完全履行《项目代建合同》，擅自变更建设内容、扩大建设规模、提高建设标准，致使工期延长、投资增加或工程质量不合格，所造成的损失或投资增加额一律从代建单位的履约担保金中补偿；约担保金额不足的，相应扣减项目代建费；项目代建费不足的，由代建单位用自有资金支付。

第二十二条 在代建项目建设过程中，项目投资管理单位发现代建单位存在违法违规和违反合同约定的行为，项目投资管理单位可中止有关合同的执行，由市有关行政主管部门依法进行处罚，该代建单位三年内不得参与本市政府投资建设项目代建单位投标，并作为不良行为记入市建设行业信用系统，并进行相关信息披露。情节严重的，降低资质等级，直至吊销资质证书。

第二十三条 项目建成竣工验收，并经竣工财务决算审核批准后，如决算投资比经批准的项目初步设计概算或调整概算有节余；建设实施代建单位可参与分成；其中政府投资节余资金的30%作为对建设实施代建单位的奖励。使用单位自筹资金节余部分分成办法，由使用单位在代建合同中确定。

八、附 则

第二十四条 招标代理机构服务费按部门预算标准审定后，在奥运专项资金工作经费中列支。

第二十五条 代建费的拨付要与工程进度、安全、质量等结合起来，原则上可预留5%的代建费，待项目竣工一年后再支付。

第二十六条 代建单位不得在自己代建的建设项目中，承担勘察、设计、施工、监理等工作。

第二十七条 国家法律、法规另有规定的，依照其规定执行。

第二十八条 本办法自发布之日起施行。

案例1：部分奥运、亚运场馆代建招标公告分析

北京工业大学体育馆（奥运会羽毛球、艺术体操比赛馆）工程项目建设实施阶段

代建人招标公告

北京市"2008"工程建设指挥部办公室和北京工业大学（以下合并简称"招标人"）决定以公开招标的方式，确定北京工业大学体育馆（2008年奥运会羽毛球、艺术体操比赛馆）工程（以下简称"本工程"）的项目建设实施阶段代建人。招标人诚邀在中华人民共和国境内合法注册、具有大型公共建筑工程代建或管理经验和能力的公司或法人（以下简称"申请人"）参加本次项目建设实施阶段代建人招标的投标资格预审。现将有关事项公告如下：

一、工程的基本情况

1.本工程位于北京市朝阳区平乐园100号北京工业大学校园内，建设用地面积约66,124平方米（其中赛时后院用地面积约21,769平方米），总建筑面积约24,383平方米。建筑总占地面积16,250平方米。地下局部1层，地上4层，建筑高度为25.9米，结构形式为张弦网壳钢结构。

2.本工程的主要用途为2008年奥运会期间作为奥运会羽毛球、艺术体操比赛用馆，赛后改建为北京工业大学文体活动中心，并向社会开放，是北京东南区的运动健身中心。

3.本工程的初步设计已经完成，并且施工总承包和施工监理的招标工作已经开始，本工程计划开工日期为2005年6月底，计划竣工日期为2007年8月。

4.本工程计划总投资约为14,980万元。

二、招标公告的发布

本招标公告已经通过北京市发展与改革委员会"北京投资平台"网站（网址：http://ztb.bjinvest.gov.cn）向公众发布。

三、联合体申请人

招标人接受申请人以联合体方式参加本工程项目建设实施阶段代建人招标的资格预审和投标。

四、申请人必须具备的最低资格条件

1.必须具有中华人民共和国或北京市相关行政主管部门在2005年5月28日（含当日）以前（以资质证书上标明的发证日期为准）核准和颁发的下列资质中的至少一项：

（1）房屋建筑工程施工总承包一级及以上资质

（2）工程设计甲级资质

（3）工程监理甲级资质

（4）工程造价咨询甲级资质

（5）工程招标代理甲级资质

（6）工程咨询甲级资质

2. 拟派项目经理必须具有建筑相关专业大学本科（含）以上学历，担任项目经理6年（含）以上工作经历，并且至少具备中华人民共和国相关行政主管部门核准和颁发的下列资格中的一项：

（1）一级项目经理资格

（2）国家注册一级建造师

（3）国家注册监理工程师

（4）国家注册一级结构工程师

（5）国家注册造价工程师

3. 施工总承包企业注册资本金不低于5000万元，其他类企业注册资本金不低于人民币200万元。

4. 具有提供相当于工程建安总造价10%（约1498万元）的银行履约保函的能力。达不到以上最低资格条件中任何一项者将不具备申请人资格，对于联合体投标人，组成联合体的各成员应同时满足本款关于最低资格条件的各项规定。

特别说明：当拟申请参加本工程项目建设实施阶段代建人代建人招标资格预审的企业，与参加本工程正在进行的施工总承包或施工监理投标的企业一致或有从属和连带关系时，则相关申请人在通过投标成为代建单位中标人的情况下，应优先作为代建单位，同时应自动放弃其本人或关联人在施工总承包或施工监理投标中的中标权。

五、资格预审报名和资格预审文件的获得

有意向的申请人可按下述时间、地点和要求报名并购买资格预审文件：

1. 时间：从2005年6月1日起至2005年6月5日止，每天上午9：00－11：00，下午14：00－16：00（北京时间）。

2. 地点：北京求实工程管理有限公司（地址：北京市西城区西单中水大厦8层）。

3. 有意向的申请人需派授权代表人持法人代表授权书原件和本人身份证原件，在填写"北京工业大学体育馆（2008年奥运会羽毛球、艺术体操比赛馆）代建人招标资格预审报名登记表"（该登记表可理解为正式的资格预审报名表）后，方可购买资格预审文件。本资格预审文件必须在指定时间和指定地点面购。

4.每份资格预审文件的售价为人民币200元（可开具正式发票），所有资格预审文件售后不退。

六、资格预审申请文件的递交

申请人应在2005年6月6日13：30～16：30（北京时间），将资格预审文件所要求提供的申请文件，密封递交到北京工业大学知新园313室（地址：北京市朝阳区平乐园100号）。申请文件必须由申请人代表（持法定代表人授权委托书）当面送达并递交。招标人可以拒绝接受逾期递交的申请文件。

七、联系方式

招标代理机构

名称：北京求实工程管理有限公司

办公地点：北京市西城区西单中水大厦816室

联系人：高芳　女士

联系电话：010-88067618/88067620/88067611转306/303

传真：010-88067366

电子信箱：gao_fang@truths.com.cn

北京市"2008"工程建设指挥部办公室/北京工业大学

2005年5月31日

来源：http://www.bjoe.gov.cn/aysj/200602/t109537.htm

案例2：广东省游泳跳水馆（亚运项目）项目代建招标公告

招标代理：广东工程建设监理有限公司

地　　区：广东省

内　　容：游泳跳水馆项目代建工程概况及规模：新建项目总建筑面积33000平方米，为甲级体育建筑，项目主要由体育场馆、室外辅助运动场，相关附属用房，露天停车场，道路，广场，绿化等组成，其中体育场馆地上三层面积23800平方米，地下一层面积9200平方米，下部为钢筋砼结构、屋盖为钢构件及索膜结构，用地面积86884平方米，座位4000个。项目估算总投资：25654.8万元。

招标编号：2007-1565

经广东省政府同意，2010年亚运会省属场馆游泳跳水馆项目实行全过程代建管理，广东省代建项目管理局作为本代建项目的招标人，根据《广东省政府投资省属非经营性项目代建管理办法（试行）》（粤府[2006]12号）的规定，现通过国内公开招标方式选择本项目建设全过程的代建单位。邀请有投标意向的投标申请人报名，具体事宜如下：

一、招 标 人：广东省代建项目管理局

二、使用单位：广东省体育局

三、项目概况：

1. 项目名称：2010年亚运会省属场馆游泳跳水馆项目。

2. 工程概况及规模：新建项目总建筑面积33000平方米，为甲级体育建筑，项目主要由体育场馆、室外辅助运动场，相关附属用房，露天停车场，道路，广场，绿化等组成，其中体育场馆地上三层面积23800平方米，地下一层面积9200平方米，下部为钢筋砼结构、屋盖为钢构件及索膜结构，用地面积86884平方米，座位4000个。

3. 项目估算总投资：25654.8万元。

4. 本项目估算代建服务费约484万元。

5. 资金来源：省财政投资。

6. 项目工期：本项目的代建期限从代建合同签订之日（暂按2007年8月1日）起计，至项目通过工程竣工验收移交使用单位使用止，工期为884日历天，且必须无条件在2009年12月31日前竣工验收，交付使用。

7. 项目建设地点：广州市天河区东圃镇黄村广东奥林匹克体育中心西北面、中央湖面西南侧。

四、招标内容：从项目可行性研究报告批复后组织编制初步设计文件开始至项目竣工验收、竣工决算、移交和保修期结束之日止的建设全过程代建统筹管理，包括在项目决策阶段，组织设计优化和招标工作，申报各项报建审查手续；在项目实施阶段，进行勘察设计管理、招标管理、设备材料采购管理、施工管理、投资控制和竣工验收等工作，并对工程项目进行质量、进度、投资、合同、信息、安全等方面的有效统筹管理和控制，直到办理竣工验收手续和竣工决算、资产移交使用单位和保修期满等实施过程的建设管理工作及各种手续的报审管理工作。

五、报名时间：2007年6月 28 日至6月 29 日的9:00~11:30，14:00~16:00

报名地点：广州市天河区天润路333号一楼（广州建设工程交易中心）

六、投标人资格合格条件：

1. 投标人必须具有中华人民共和国独立法人资格且经工商年检合格，具备独立履约能力。

2. 投标人须具有下列资质中至少一项：

（1）一级及以上施工总承包类的建筑业企业资质；

（2）工程设计甲级资质；

（3）监理甲级资质；

（4）综合甲级工程咨询资质；

（5）房地产开发一级资质。

3. 投标人须具有与开展项目代建工作相适应的资产（即①经会计师事务所审计的近 3 年的财务报表无拒绝或否定意见；②具备在规定时限内提供一次性开具2566万元人民币银行履约保函的能力（格式见本公告附件二））。

4. 拟承担本项目代建工作的机构和管理体系要求：①有职称的工程技术与经济管理人员不得少于 15人，其中具有高级专业技术职称人员不得少于 5 人；②必须具有注册造价工程师一人、会计师或注册会计师资格一人；③项目总负责人需至少具有注册监理工程师、一级项目经理、一级注册建筑师、一级注册结构工程师、注册咨询工程师、项目管理师注册资格中的一种资格。

5. 投标人自 2001年 1 月至今完成过类似业绩（类似业绩是指已完成的项目总投资25000 万元或以上人民币的公共建筑工程的施工总承包或全过程设计管理或工程设计或工程监理或工程咨询或房地产开发项目或项目代建（项目管理），需提供中标通知书、合同、竣工验收报告三项证明文件；全过程设计管理、工程设计、工程咨询、房地产开发项目的业绩可以只提供中标通知书、合同、竣工验收证明书三项证明文件的其中 一项。）

6. 投标人拟派担任本项目的项目总负责人自 2001 年 1 月至今完成过类似业绩（类似业绩是指主持过项目总投资25000万元或以上人民币的公共建筑工程的施工总承包或全过程设计管理或工程设计或工程监理或工程咨询或房地产开发项目或项目代建（项目管理）。项目总负责人必须在投标单位任职一年以上，正在负责其他代建项目的项目总负责人和已经中标其他项目的项目总负责人，不能参加本项目的投标；且提交在从业经历中没有任何违法、违规而被查处的不良记录的承诺书。报名时应提供项目总负责人的职称证、资格证、社保证明、业绩原件给招标代理机构进行核对，其中：（1）工程总承包、项目管理、工程监理的业绩必须是中标通知书、合同、竣工验收报告证明文件；（2）全过程设计管理、工程设计、工程咨询、房地产开发项目的业绩可以只提供中标通知书、合同、竣工验收证明书三项证明文件的其中一项。）

7. 投标人须具有有效的ISO9000系列质量管理体系认证。

8. 投标人没有处于被行政或司法机关责令停业或停止承接工程任务或停止投标资格（以书面确认为准）。

9. 投标人没有出现严重的信用和信誉危机又未能提供相应担保。

10. 投标人没有处于财产被接管或冻结或破产的状态。

11. 投标报名截止时间 2007 年 6 月 29 日前 3 年内投标人没有发生过重大建设项目责任事故（责任事故以行政或司法机关书面认定为准）。

12. 投标人与招标人、招标代理、使用单位没有隶属关系或其他利害关系。

13. 本项目不允许联合体投标。

14. 投标人资格合格条件在评标时进行审查。

七、投标申请人报名时须提交资料

1. 投标申请人报名提交资料一览表（按附件一要求，按要求的顺序排列装订，正本一份，副本一份）。

2. 证明满足报名资格合格条件的资料原件，在报名时投标申请人必须携带至报名处供招标人核对，经核对后，双方在"投标申请人报名提交资料一览表"中共同签名确认，并将该表与报名相关资料一起当场密封后，保存在广州市建设工程交易中心，开标后交评标委员会作为评标的依据。

八、其他事项

1. 投标申请人对其所提供的资料必须真实和完整，如被发现有任何虚假或隐瞒情况者，经查实，上报上级行政主管部门同意后，招标人有权取消其投标资格。

2. 项目总负责人一经报名不允许更换。

3. 投标申请人须在广州建设工程交易中心办理正式IC卡后方可办理报名手续。

4. 本项目不接受网上报名。

5. 本次招标若投标申请人不足5家而导致招标项目第一次招标失败的，招标人将按相关法规，重新组织招标。

九、招标代理机构：广东工程建设监理有限公司、广东华工工程建设监理有限公司

联系人：邓先生　电话：020-83292786　传真：020-83292521

联系人：傅先生　电话：020-33060680　传真：020-87111681

招　　标　　人：广东省代建项目管理局
招标代理机构：广东工程建设监理有限公司
　　　　　　　　广东华工工程建设监理有限公司

二〇〇七年六月二十日

来源：http://www.bidchance.com/bidchance/calggnew/2007/06/20/952588.html

从北京奥运和广州亚运部分场馆代建招标公告可以看出，由政府投资建设的公益性场馆采取代建方式建设已成为趋势。从北京工业大学体育馆和广东省游泳跳水馆的代建招标公告可以看出，两个场馆对代建人的要求都比较高，至少需要相关领域一级或甲级的资质，并对项目负责人的专业背景与经历等都有严格要求。除此之外，上述两个场馆代建招标中均要求代建人通过银行出具场馆投资额10%的履约保函，如广东游泳跳水馆，总投资预算2.56亿元，则代建人需要出具2565万元的履约保函，但其代建费用仅400多万元，工期约两年多。体育场馆代建项目对代建人的要求过高，但代建费用过低，不利于吸引优秀的代建人。从上述两份体育场馆代建招标公告中可以反映出目前我国体育场馆代建中存在的问题。此外，在北京工业大学体育馆代建中，明确鼓励代建人采取联合体方式竞标，以分散投标人的风险，但在广东省游泳跳水馆的代建招标公告中确不允许采取联合体方式竞标，不利于代建人风险的分散和代建水平的提高。

第七章　建　议

根据我国大型体育场馆投融资现状和存在的问题，在结合我国现实国情的基础上，提出如下促进和解决大型体育场馆投融资难题的发展建议：

一、确保必要的财政资金投入

在我国现行体育场地投融资体制下，政府财政拨款在大型体育场馆建设资金来源中仍占有重要的地位，各级政府部门应通过预算内、预算外财政拨款、财政转移支付和国债资金等多种渠道确保必要的大型体育场馆建设财政资金投入。此外，各级政府部门还应根据中共中央、国务院《关于进一步加强和改进新时期体育工作的意见》的精神要求及我国体育法和《公共文化体育设施条例》的有关规定，重视本地大型体育场馆建设，把大型体育场馆建设纳入本地的发展规划，加大对大型体育场馆建设的投入，将大型体育场馆建设经费纳入本级财政预算，确保大型体育场馆建设经费随本级财政收入的增加按比例增加。

二、做好大型体育场馆发展规划

根据各区域发展规划和体育事业及体育场地"十一五"发展规划，结合城市、人口等未来发展的实际情况和场馆的功能布局，各级地方政府特别是体育行政部门、规划部门和土地管理部门应联合起来积极做好本区域的大型体育场馆发展规划，预留足够的体育用地。而土地正是大型体育场馆建设的根基，也是目前吸引民间资本参与大型体育场馆建设的主要因素。

三、制定大型体育场馆投融资扶持政策，吸引民间资本投资

由于大型体育场馆预期的收益难以弥补其建设成本，民间资本不愿参与大型体育场馆的投资与建设。因此，需要政府制定相应的大型体育场馆投融资扶持政策，以吸引民间资本的投资。大型体育场馆的投融资扶持政策主要包括投资、融资、税收、运营和土地等方面的扶持政策以及相应规费的减免等。在大型体育场馆的融资方面，政府应鼓励国有或地方商业银行为大型体育场馆的投资者提供融资服务，并

通过政策担保、资本金投入或补贴和注资担保等方式为大型体育场馆的融资提供信用支持，以降低项目的投资风险。同时，政府应在大型体育场馆融资方式的创新方面给予必要的制度支持，以促进大型体育场馆融资方式的多元化，满足大型体育场馆建设的融资需求。在大型体育场馆的运营方面，政府部门应制定优惠的大型体育场馆运营政策，以吸引投资者参与大型体育场馆的运营。如在大型体育场馆的运营中水电费用等支出应按照事业单位而非商业单位的收费标准收费，以降低大型体育场馆的运营支出。同时，对于大型体育场馆运营的各种税收如营业税、娱乐税等税种可以考虑给予一定的减免，以创造大型体育场馆良好的投资和经营环境。在大型体育场馆建设所需土地方面，以行政划拨或协议方式提供土地，降低大型体育场馆的投资成本，以调动民间资本投资大型体育场馆建设、运营的积极性。

四、设计合理的大型体育场馆投资回报机制

民间资本参与大型体育场馆的投资与建设，必然要追求相应的投资回报。因此，大型体育场馆投融资体制改革成功的前提在于设计合理的大型体育场馆投资回报机制。政府部门作为大型体育场馆的提供者必须设计合理的投资者回报机制，提高大型体育场馆的预期盈利能力，以吸引民间资本的投资。鉴于我国目前大型体育场馆经营现状不理想，盈利能力较差的现实，在大型体育场馆的建设中应通过配套一定的商业设施或具有盈利性的设施或资源如土地等来提高其盈利能力，增加大型体育场馆投资者的盈利空间，吸引民间资本参与大型体育场馆投资和建设。

五、加强对大型体育场馆投资者的权益保护

在大型体育场馆的投融资体制改革过程中应注意对投资者合法权益的保护。只有投资者的合法权益得到保护，其才能够放心投资，否则，再诱人的投资政策也难以吸引民间资本的投资。首先，应进一步加强对私有财产的保护，对公有财产与私有财产一视同仁，给予同等保护。不仅要保护投资者的私人财产，同时还要保护投资者投资所形成的法人财产权。其次，还应规范政府与投资者之间的特许权协议，出台有关特许经营方面的专门法规，以法律约束政府与投资者之间的权利与义务。政府确因公共利益的需要或因政策的调整而变更或解除特许经营协议时，政府应当给予适当的赔偿，避免使投资者遭受过度损失，从而合理地保护投资者的合法权益。最后，政府应积极兑现各种承诺的优惠和扶持政策，以维护投资者的合法权益，吸引民间资本参与大型体育场馆的投资与建设。

六、积极推进大型体育场馆代建工作

大型体育场馆代建作为今后我国大型体育场馆建设的主要模式，应积极推进大型体育场馆建设项目的代建工作，加大其实施力度，依靠代建人的专业建设管理和代建制制度设计的优势，提高大型体育场馆的建设质量，以解决长期以来大型体育场馆建设领域的超规模建设和投资超支问题。同时，应注意借鉴、推广奥运场馆建设项目代建经验。在奥运场馆项目中由中央政府部门负责投资的大型体育场馆几乎全部采用代建方式建设，这些代建项目也是我国首批大型体育场馆代建的试点项目。相关部门应注意对项目代建经验的积累与总结，对于一些成功的经验和做法应予以整理，并积极在全国范围予以推广，以推动大型体育场馆的代建工作。同时，由于大型体育场馆代建工作的特殊性，具有大型体育场馆代建经验的市场主体数量较少，因此，部分具有大型体育场馆代建经验的代建主体如华体集团等企业，应积极承担起推进推动大型体育场馆代建工作的责任，以为各地大型体育场馆的建设提供专业化的代建服务及咨询服务。第三，应优化代建费用制度以吸引专业代建单位和高素质的工程管理人员参与大型体育场馆代建工作，以提高大型体育场馆建设的管理水平和质量。在公开招标选择代建人过程中，应注意避免低价中标的评审办法，适当降低代建费用这一指标所占的权重，以代建人的代建方案和技术管理人员的经验和素质等综合、择优确定代建人。第五，应系统规划大型体育场馆代建项目的后期运营问题，使用者在向代建人提出功能要求的同时，也应注意考虑大型体育场馆后期的运营问题，以使大型体育场馆的设计与建设便于其后期的运营。最后，应建立和完善大型体育场馆的激励约束机制和风险分散机制，适当降低履约金比例，逐步建立较为完善的包含投资节余、工期、质量、设计（便于后期运营）、新技术或节能技术应用等方面的综合激励指标体系，以激励代建人控制投资规模、缩短工期、积极采用节能技术、提高大型体育场馆的建设质量和综合性能。此外，还应兼顾使用者的利益，在节余资金的分配尚上适当给予大型体育场馆使用人一定的激励，以调动其积极性。在代建风险方面，应建立和完善大型体育场馆代建的风险分散机制，鼓励代建单位通过建立工程保险和工程担保等制度或建立联合体等方式，分散由代建单位缴纳风险。

七、积极盘活大型体育场馆存量资产

我国大型体育场馆经过多年的发展已形成巨额的存量资产，在今后大型体育场馆的建设过程中，应充分利用存量资产，发挥其经济效益，为新建场馆融资。各级政府部门作为现有多数场馆的所有者，应加大对大型体育场馆存量资产的经营开发，按照所有权与经营权相分离的原则，采取TOT、无形资产运营和有偿转让特许经营权等方式盘活现有大型体育场馆存量资产，实现大型体育场馆建设的可持续发展。

八、开发灵活多样的金融产品

金融产品缺乏是制约我国大型体育场馆投融资方式多元化的一个主要因素。因此，应根据我国资本市场发展的需要，借鉴国外体育场馆先进的融资方式，结合大型体育场馆建设对资金需求的特点，开发出诸如市政债券、资产债券化、收入债券、资金信托等灵活多样的适合大型体育场馆建设融资需求的金融产品。

结 语

我国大型体育场馆投融资方式的多元化和市场化是今后大型体育场馆投融资体制改革的主要方向，吸引私有经济和民间资本参与大型体育场馆的投资和建设则是其主要途径。而吸引私有经济和民间资本参与大型体育场馆投资和建设的关键在于未来大型体育场馆的经营具有良好的预期盈利能力，具有较高的投资回报率。因此，只有提高我国大型体育场馆的经营管理水平，改善其经营状况，使其具有盈利能力，才能够吸引投资者的投资，真正实现大型体育场馆投融资方式的多元化和市场化。